BENJAMIN BEUTLER **DAS WEISSE GOLD DER ZUKUNFT**

ZU DIESEM BUCH

Bolivien gilt als das Armenhaus Lateinamerikas. Doch seit vor fünf Jahren Evo Morales zum Präsidenten des Landes gewählt wurde, erlebt der Andenstaat einen beachtlichen Aufschwung. Jetzt könnte Morales' Maxime, wonach alle Bolivianer gleichermaßen von den Ressourcen ihres Landes profitieren sollen, zur Erfolgsstrategie werden: Der weltweite Hunger nach Lithium könnte die Staatskassen füllen, denn schließlich liegen in einem Salzsee in den bolivianischen Anden die größten Vorkommen.
Benjamin Beutler legt hier einen anschaulichen Überblick über die rasante Entwicklung in Bolivien vor. Er skizziert die Geschichte des Landes seit den Tagen der Silberminen von Potosí und analysiert, wie die spanischstämmigen Eliten im Zusammenspiel mit einer aggressiven US-Politik allzu lange den Ausverkauf der bolivianischen Reichtümer betreiben konnten. Er zeigt, wie die Verhandlungen um den Lithium-Abbau im großen Stil zur globalen Politik wurden, und geht der Frage nach, ob die Regierung Morales den Lithium-Boom zum Wohle aller Bolivianer nutzen kann. Denn noch ist die Gefahr nicht gebannt, erneut zum Spielball der Global Player zu werden.

Foto: Eliana Campos

ZUM AUTOR

Benjamin Beutler, geboren 1979, arbeitet als freier Journalist für Tages- und Wochenzeitungen, u. a. *der Freitag, junge Welt, Neues Deutschland, Lateinamerika Nachrichten*. Der studierte Regionalwissenschaftler lebt in Berlin und seit seinem 16. Lebensjahr regelmäßig in Bolivien.

BENJAMIN BEUTLER

DAS WEISSE GOLD DER ZUKUNFT

BOLIVIEN UND DAS LITHIUM

ROTBUCH VERLAG

FÜR MEINE TOCHTER

ISBN 978-3-86789-126-4

1. Auflage

Umschlaggestaltung: Buchgut, Berlin
Umschlagabbildung: getty images
Druck und Bindung: L.E.G.O. S.p.A., Vicenza, Italy

Ein Verlagsverzeichnis schicken wir Ihnen gern:
Rotbuch Verlag GmbH
Neue Grünstraße 18
10179 Berlin
Tel. 01805/30 99 99
(0,14 Euro/Min., Mobil max. 0,42 Euro/Min.)

www.rotbuch.de

INHALT

1. BLICK NACH SÜDEN

»Ob in Caracas oder Mexico City, in Lima oder Buenos Aires … Inflation, Arbeitslosigkeit, übermächtig lastende Auslandsschulden, zunehmende Armut und Analphabetentum, ein abrupter Niedergang von Kaufkraft und Lebensstandard. Frustrationen, zersplitterte Hoffnungen und verlorene Illusionen. Fragile Demokratien, bedroht von sozialen Explosionen.«

Carlos Fuentes, mexikanischer Schriftsteller

Warum ein Buch über Bolivien lesen? Die Antwort ist einfach: Das Land sitzt auf dem größten Rohstoffschatz der Zukunft. Und Bolivien ist Südamerika. Es ist Sinnbild für die Jahrhunderte währende Schröpfung einer Nation und eines Kontinents. Drei Jahrhunderte traumatische Kolonialzeit, die enttäuschten Hoffnungen nach der Unabhängigkeit 1825 und zuletzt über 20 Jahre Neoliberalismus haben das »Herz Südamerikas« wie den Rest der Neuen Welt an die Nähe des Infarkts manövriert. Demokratie und Entwicklung, die Heilsbringer westlicher Moderne – in Haiti, Peru, Argentinien oder Chile kaum denkbar. Denn immer wieder schafft es eine kleine reiche Elite, Staat und Macht für sich zu vereinnahmen und das Heer von Bauern, Minenarbeitern und Hausangestellten an den existenziellen Abgrund zu drängen. Als Erfüllungsgehilfen ausländischer Unternehmen und Regierungen verscherbeln diese im Volksmund *Vendepatrias* (»Verkäufer des Vaterlandes«) Geschimpften ganze Landstriche, Berge und Meere zu Spottpreisen. Die Heimat aber stagniert wirtschaftlich und darbt weiter vor sich hin.

Weltmarkt und Freihandel bringen Kummer und Sorgen. Mehr als 500 Jahre nach Ankunft der Europäer in Amerika bleibt das Schicksal der Nationen des Südens bestimmt von Ausbeutung und Ausverkauf. Von der Karibik bis nach Feuerland, es gilt das eherne Prinzip globaler Arbeitsteilung: Die Länder des Nordens gewinnen, die Länder des Südens verlieren. Brasilien exportiert unverarbeitete Güter wie Soja, Biosprit und Aluminium, Argentinien und Uruguay liefern Fleisch, Mittelamerika und das nördliche Südamerika Kaffee, Zuckerrohr und Bananen, die Andenregion führt Öl, Gas und Metalle aus.

Südamerikas Ressourcen halten die Industriestaaten am Laufen. Im Gegenzug sind die auf Rohstoffexport eingestellten Volkswirtschaften verdammt, teure Fertigwaren, Maschinen, Know-how und selbst Nahrungsmittel in ungünstigem Tauschverhältnis zu importieren. Auch der Mensch ist Ware; das im ökonomisierten Neudeutsch genannte »Humankapital« wird mit Versprechungen von einem besseren Leben in die industriellen Metropolen gelockt. Die besten Akademiker wandern ab, Armutsflüchtlinge strömen als billige Gastarbeiter ohne Rechte gen Europa und Nordamerika. Lateinamerika gleicht noch immer einer offenen Wunde.

Die Geschichte von Raubbau und Plünderung ist alt. Expansionsdrang, christlichem Messianismus und Profitgier folgend, fiel die europäische *Conquista* gnadenlos in die *Tierra Nueva* ein. Das Schicksal des unberührten Kontinents mit seinem unermesslichen Reichtum an fruchtbarem Land und Bodenschätzen war ab Ende des 15. Jahrhunderts besiegelt. Schon damals lieferte er so begehrte Waren wie süßenden Zucker, exotische Früchte und duftenden Kakao auf die voll gedeckten Tische nach Europa, geschreinert aus edlem Urwaldholz des Amazonasregenwalds und zu konstant niedrigen Preisen.

Die Konquistadoren schmolzen Geschirr, Besteck und Schmuck der Eroberten an Ort und Stelle ein. Die erbeuteten Berge von Gold und Silber landeten bei den Königen in Spanien, Portugal, Frankreich und England, die ihre klammen Kriegskassen für den erbitterten Kampf um Hegemonie und Macht füllten. Millionen afrikanischer Sklaven und die indigene Urbevölkerung fielen diesem Rausch nach Reichtum durch Zwangsarbeit, Gewalt und eingeschleppte Krankheiten zum Opfer.

SKLAVE DER NACHFRAGE

Südamerika als billiger Selbstbedienungsladen des reichen Nordens ist so zum Synonym für ausweglose Misere, gefährliche Armenviertel, Drogenhandel und extreme Ungleichheit geworden. Stören tut diese Ungerechtigkeit die wenigsten.

Doch wehe, es zieht der Wind der Veränderung auf. Dann überschlagen sich die Schlagzeilen und TV-Kommentatoren, warnen vor charismatischen *Caudillos*, kämpferischen Revolutionen und wütenden Volksaufständen, die gegen den Fortbestand dieser Weltordnung aufbegehren.

Dabei hat der Kontinent seine unvorteilhafte Rolle nicht erst seit gestern klar vor Augen. Wie Blut strömten Geld und Rohstoff ungehindert aus »den offenen Adern« Lateinamerikas, beklagt der uruguayische Schriftsteller Eduardo Galeano zu Beginn der siebziger Jahre die skandalöse Rolle im globalen Welthandel. Die Verheißungen des Westens von Kapitalismus, Industrialisierung, sicheren Arbeitsplätzen, sozialem Netz und breitem Wohlstand bleiben weitab der reichen Länder unerfüllt. Warenfetischismus, extremer Konsum und Umweltverschmutzung stoßen sich mit der traditionellen und beständigen Naturphilosophie Hunderttausender Ureinwohner, die sich in den Industrienationen zunehmend auch linke Intellektuelle und eine globalisierungskritische Mittelschicht auf die Fahnen schreiben.

Gleich einem nie enden wollenden Aderlass wird der Mehrzahl der Bewohner in den Ex-Kolonien der Saft für ein Leben in Würde abgepresst. Auch Bolivien ist ein am Weltmarkt krankender Patient, die Langzeitdiagnose ernüchternd. Der angegriffene Riese, der mit nur zehn Millionen Einwohnern flächenmäßig dreimal so groß wie Deutschland ist, steht Pate für die enormen psychischen und physischen Schäden von Mensch, Gesellschaft und Umwelt, die Europa und die Vereinigten Staaten über Jahrhunderte hinweg angerichtet haben. Nationale Traumata gibt es genug. Hunderttausende Aymara und Quechua wurden Generation um Generation in den Minen des Cerro Rico in Potosí, des größten Silberbergs aller Zeiten, verheizt. Des einen Leid ist des anderen Freud. So erzählt man sich, die ferne Grubenstadt habe mit Paris und London um Rang eins der reichsten Metropolen der Welt konkurriert, ihnen in prunkvollen Bällen und himmlischer Verschwendung nicht nachgestanden. Mit dem verschifften Silber hätte leicht eine Brücke vom Andenland bis nach Madrid gespannt werden können, so die Sage. Selbst Cervantes ließ seinen Don Quijote *»Vale un Potosí!«* (»Das ist ein Potosí wert!«) ausrufen; der natürliche Reichtum des damaligen Vizekönigreichs Perú als Garant spanischen Luxuslebens war längst sprichwörtlich geworden.

Den Menschen vor Ort aber bleibt nur Misere. Heute ist die Stadt am Cerro Rico ein graues Nest im Stile einer aufgegebenen Goldgräberstadt. Vom alten Reichtum ist nichts zu sehen. Im Gegenteil zeigt sich hier: Bolivien ist seiner Rolle als billiger Diener der Reichen, ausgenutzt und ausgesaugt, nie entronnen. Immer war es Sklave internationaler Nachfrage und fremder Interessen.

Aber hatte Befreier Simón Bolívar nicht die Unabhängigkeit der Kolonien erstritten? 2010 wurde von Mexiko bis Feuerland der 200. Jahrestag der Befreiung von der spanischen Krone ausgiebig gefeiert. Dem Armenhaus Südamerika half die politische Unabhängigkeit kaum, der Aufstand gegen das bourbonische Mutterland Anfang des 19. Jahrhunderts war eine Revolution der weißen Oberschicht. Im Tausch gegen ein wenig Anerkennung biederte sich die ungebrochen nach Europa orientierte Elite mit ihrem nationalen Minderwertigkeitskomplex nur zu gern der Alten Welt an. Das bolivianische Silber eignete sich bestens als Macht erhaltendes Exportgut. Später setzte sich der Ausverkauf mit Kupfer, Zinn und Öl fort. Andauernd bedrohte die Gefahr eines weltweiten Preisverfalls die auf Export gepolte Wirtschaft, Massenarbeitslosigkeit und Staatsbankrott stellten das abgewirtschaftete Land regelmäßig vor Zerreißproben. Im Salpeterkrieg mit Chile Ende des 19. Jahrhunderts verlor die Nation nicht nur ihren Meereszugang und ihre Häfen, auch Stolz und Würde wurde das Wasser abgegraben. Im Chacokrieg mit Paraguay Anfang der dreißiger Jahre mischten sich erneut die Großmächte ein, diesmal waren es England und die USA, die im Interesse ihres aufstrebenden Ölbusiness Krieg schürten. Bolivien hatte, wie so oft, das Nachsehen und verlor nahezu ein Drittel seines Territoriums.

Vergangenheit, Gegenwart und Zukunft – die Kluft zwischen Arm und Reich scheint das unentrinnbare Schicksal der Bolivianer zu sein. So bescherte der Rohstoffhunger nach Panzern und Granaten im Zweiten Weltkrieg Zinnkönig Simón Patiño fast die Hälfte des Weltmarktes. Doch Millionär Patiño oder der deutschstämmige Minenbesitzer Moritz Hochschild legten ihre Kapitalien lieber im Ausland an; in Paris flanierten sie im Frack die Champs-Élysées hinunter und tranken Champagner. Die Landbevölkerung in der bolivianischen Heimat ging derweil an Hunger und Krankheit zugrunde.

Hemmungslose Rohstoffausbeutung schürt Rebellion. Die Revolution von 1952 brachte den ausgegrenzten Indigenen endlich das lang ersehnte Wahlrecht, Minen wie Ölquellen wurden verstaatlicht, und eine Agrarreform ging gegen Großgrundbesitz vor. Doch das revoltierende links-nationalistische Bürgertum verbündete sich zwecks Machtsicherung mit der alten Clique, während Washington mit Rekord-Entwicklungshilfe für das Gelingen dieser antikommunistischen Bewegung sorgte. Echte Veränderungen wie die Entwicklung eines starken Binnenmarktes und die Diversifizierung der Wirtschaft zugunsten aller Bolivianer waren unter diesen Vorzeichen erneut nicht in Sicht.

Anfang der siebziger Jahre fiel Bolivien dem Kampf der Systeme zum Opfer, der damals in ganz Lateinamerika tobte. Wie einst die Jesuitenpater des Heiligen Stuhls machten sich die Chicago Boys – neoliberale Wirtschaftsberater lateinamerikanischer Abstammung – daran, als Apologeten von Deregulierung, freien Märkten und Privatisierung im »Hinterhof Washingtons« ideologische Führungsansprüche zu predigen. In ganz Südamerika wurden antikommunistische Militärdiktaturen installiert. Häscher der supranationalen Geheimdienstaktion Operation Condor hetzten kritische Politiker und Gewerkschaftler mit Hilfe der CIA über alle Landesgrenzen hinweg, jeder Widerstand wurde mit Polizei, Mord und Folter im Keim erstickt.

In diesen Feinden der Demokratie fanden die messianischen Absolventen der University of Chicago auch in Bolivien ihre natürlichen Verbündeten. Im Namen von nationaler Entwicklung und Forschritt war dieser Allianz jedes Mittel recht. Zuständig für das schmutzige Geschäft der »Aufstandsbekämpfung« war während der bolivianischen Kokain-Militärjunta von Luis García Meza der Nazi-Kriegsverbrecher Klaus Barbie. Von der CIA protegiert, war dem »Schlächter von Lyon« die Flucht nach Bolivien gelungen. Zur Hand gingen ihm aus Italien eingeflogene Neonazis, die mit ihrer paramilitärischen Terrorgruppe *Novios de la Muerte* (»Bräutigame des Todes«) die Bevölkerung durch Angst und Schrecken zum Stillhalten zwangen.

Wie in Chile fußte das Neoliberalismus-Experiment in Bolivien auf Gewalt gegen das eigene Volk. Die totale Ausrichtung des chilenischen Kupferabbaus auf Export war möglich geworden durch den US-gestützten Putsch Augusto Pinochets und die Ermordung des Sozialisten Salvador Allende, der einen Weg in die andere Richtung verfolgte. Nahtlos wurde die Strategie auf den bolivianischen Nachbarn im Osten übertragen. In La Paz dirigierte das Pentagon den Kalten Krieg gegen Moskau und den Kampf gegen die »kubanische Gefahr« mit der Inthronisierung des Diktators Hugo Banzer Suávez, Sohn deutscher Einwanderer. Als nach bleierner Zeit der Moment für eine kontrollierte Demokratie reif schien, lockerten die USA die Zügel, erlaubten Anfang der achtziger Jahre gar demokratische Wahlen. Wie eh und je schloss der Machtblock der Oberschicht seine bestens aufgestellten Reihen, teilte Parlament und Ministerposten unter sich auf.

Dem angeschlagenen Andenland verabreichten die Chicago Boys, die sich in Weltbank und Internationalem Währungsfonds (IWF) längst die Chefsessel unter den Nagel gerissen hatten, mit »Strukturanpassungsprogrammen« fast den Gnadenstoß. 20 Jahre *Washington Consensus* brachten den totalen Ausverkauf von Gas, Erdöl, Flughäfen, Airlines, Eisenbahn, Wasser, Telekommunikation und Strom an die internationalen Multis aus Europa und den Vereinigten Staaten. Ohne Rücksicht auf Verluste filetierte das neue Wirtschaftsmodell à la Hayek und Friedman die rentabelsten Teile, die Taschen der alten Eliten füllten sich erneut. Der Bevölkerung aber bescherte die Ausschlachtung noch mehr Armut und Ungleichheit.

Wie zu Zeiten der Spanier blutete die Nation aus allen Gliedern. Erneut war Bolivien das ärmste Land Südamerikas. Selbst der Weltbank-Ökonom und Ex-Berater bolivianischer Regierungen, Jeffrey Sachs, der in den Neunzigern sein damaliges Laborobjekt noch zum Musterbeispiel aller Entwicklungsländer erhoben hatte, verwarf zuletzt seine alten Theorien von *Trickle-down*-Effekt und Flexibilisierung. Der Neoliberalismus habe die Ungleichheit in Bolivien nicht gemildert, die Schere zwischen Arm und Reich klaffe weiter auseinander denn je, gestand der Experte 2005 in seinem vielbeachteten Buch *Das Ende der Armut.*

Und heute? Oft stellt sich Besserung ein, wenn man den Patienten längst abgeschrieben hat. Boliviens Bauern, Frauen und Bergarbeiter hatten sich noch nicht aufgegeben und reagierten typisch bolivianisch: explosiv. Im Oktober 2003 kam es zur heftigsten Abwehrreaktion seit Jahren. Mit Dynamitstangen und Straßenblockaden wurde Präsident Gonzalo Sánchez de Lozada aus dem Land gejagt. Per Hubschrauber floh der durch Korruption und Amtsmissbrauch reich gewordene Mann ins

Luxusexil nach Miami. Die zweitgrößten Gasvorkommen Südamerikas gedachte der von einer US-Beratungsfirma gemanagte Staatschef zu einem lachhaften Preis nach Kalifornien zu verscherbeln, und das über den historischen Erzfeind Chile. Den verarmten Massen war der Kragen endgültig geplatzt.

Die Ereignisse des Gaskriegs veränderten die politische Landschaft Boliviens grundlegend. Das neue Selbstbewusstsein der mobilisierten sozialen Bewegungen zehrt bis heute vom Erfolg gegen Sánchez de Lozada. Bereits im Jahr 2000 war es zu vereinzelten Spontanheilungsversuchen gekommen, als sich im zentralbolivianischen Cochabamba aufgebrachte Menschen im Wasserkrieg gegen zu hohe Preise und Privatisierung aufgelehnt hatten. Die ganze Welt schaute zur Jahrtausendwende nach Cochabamba, die erste Vertreibung eines mächtigen Multis aus einem Land der Dritten Welt war gelungen.

Mit diesem unglaublichen Erfolg war der Startschuss gegen den nationalen Ausverkauf, aber auch gegen rassistische und soziale Demütigung gefallen. Die Traditionsparteien der alten Elite hatten endgültig verspielt, eine neue Grundstimmung machte sich breit: Wir sind wer, wir verteidigen unser Land gegen gierige Oligarchen und ausländische Großfirmen. Die linke Vereinigung »Bewegung zum Sozialismus« (MAS) mit dem jungen Chef der schlagkräftigen Gewerkschaft der Kokabauern Juan Evo Morales Ayma an der Spitze machte sich daran, mit geschickter Bündnispolitik zwischen Bauernschaft, Minenarbeitern und Indigenen-Organisationen die politische Macht im Land an der Wahlurne zu erobern.

Im Dezember 2005 war es so weit. Mit dem Aymara Morales zog erstmals in der Geschichte Boliviens ein Indigener in den Präsidentenpalast ein. Seit nun fünf Jahren und nach einer fulminanten Wiederwahl Ende 2009 laboriert eine gefestigte Linksregierung an den irreparabel erscheinenden Folgeschäden kapitalistischer Globalisierung. Ihre konkreten Pläne: Bis 2015 sollen 32 Milliarden US-Dollar in den »Industriellen Sprung« investiert werden. Geld kommt aus dem Gasgeschäft,

Argentinien und Brasilien sind Hauptabnehmer und zahlen neu ausgehandelte, faire Preise. Seit der Nationalisierung der fossilen Brennstoffe im Mai 2006 hat der Staat seine Einnahmen aus dem Energiegeschäft durch Neuverhandlung von Förderlizenzen mit Multis wie British Petroleum und Petrobras verdreifacht. Von jedem verdienten Dollar fließen dem Staatshaushalt heute 0,75 Dollar zu - was für ein Quantensprung, war das Verhältnis 2005 noch umgekehrt.

Ein Großteil des langersehnten Geldregens wird über Sozialprogramme an die bolivianische Bevölkerung weitergegeben. Auch das Klima zu internationalen Firmen hat sich nach anfänglicher Panikmache normalisiert. Mit der von Präsident Morales verfolgten »Politik der Würde«, die auf der Idee des gegenseitigen Nutzens beruht, haben sich die Lenker der Erdölkonzerne abgefunden. Morales' Konzept scheint aufzugehen. In El Mutún lagern die weltweit größten oberflächennahen Eisenerzvorkommen; die gigantischen 40 Milliarden Tonnen sollen zu 50 Prozent vom Stahlmagnaten Jindal Steel ausgeschöpft werden. Neben Milliarden-Investitionen und der Schaffung von Jobs wurden die Inder vertraglich zum Bau des ersten Stahlwerkes verpflichtet. Auch China hat Interesse angemeldet und will groß in die Ausbeutung von El Mutún einsteigen.

Besonders große Hoffnungen aber legen die Bolivianer in den Abbau und die Industrialisierung von Lithium, Grundstoff für die Batterien von Elektroautos, Laptops und Mobiltelefonen. Ein Großteil der weltweiten Vorkommen des »weißen Goldes« liegt im Salzsee Salar de Uyuni, Experten sehen darin ein »Saudi-Arabien des Lithiums« und für Bolivien eine rosige Zukunft. Ein Traum könnte wahr werden. Gelänge es, einen aus dem Boden des geschundenen Landes gezogenen Rohstoff vor Ort industriell weiterzuverarbeiten, hätte die von der MAS proklamierte »demokratisch-kulturelle Revolution« ihren Namen in der Tat verdient.

Nicht nur das klimafreundliche Elektroauto könnte mit bolivianischer Hilfe für eine saubere Welt sorgen. Auch Boliviens indigen-andine Kosmovision der Harmonie von Natur und Mensch inspiriert die Menschen rund um den Globus. *Pachamama* (»Mutter Erde«) und das Prinzip vom guten Leben verbieten die Zerstörung von Umwelt und Natur. Das Andenland selbst ist Opfer fortschreitender Umweltzerstörung und globaler Erwärmung. Im Dezember 2009 machte Morales die Weltöffentlichkeit auf dem Kopenhagener Klimagipfel auf die verheerenden Folgen des unverschuldeten Klimawandels aufmerksam: Gletscherschmelze, das Phänomen El Niño und Dürren verursachen weitab der Industrieländer empfindliche Schäden.

Bolivien, das im April 2010 einen alternativen Klimagipfel einberief, könnte zum Vorreiter grüner Politik in Lateinamerika werden. In der neuen Magna Charta, die gegen den erbitterten Widerstand der regionalen Oligarchen im Januar 2009 per Volksentscheid in Kraft trat, erhalten die indigene Weltsicht und der Schutz nationaler Bodenschätze und Ressourcen erstmals Verfassungsrang.

Im Zusammenspiel von Sozialismus, Industrialisierung und Umweltschutz könnte das bolivianische Experiment der MAS-Regierung den Beweis führen, dass Rohstoffreichtum den Entwicklungsländern nicht zwangsläufig zum Fluch wird. Die Wundheilung Lateinamerikas beginnt mit seiner tiefsten Verletzung, die Politik von Morales und Co. könnte das geeignete Therapeutikum gefunden haben.

2. LITHIUM-RAUSCH

»Eroberung und Raubbau von Ländern mittels einer Handvoll von Plutokraten, die den Luxus und die Verschwendung der Metropolen garantieren, was Nacktheit, Misere, Rückständigkeit und Analphabetismus auf Kosten der Ausgequetschten hinterließ, konnten nach dem Zweiten Weltkrieg nur noch schwer gerechtfertigt werden. Es gibt wenige, die den ideologischen Diskurs der Imperien entlarven – für die Halbkolonien von heute unverzichtbar, damit sie ihren Weg der Befreiung finden.«

Andrés Soliz Rada, erster Minister für fossile Brennstoffe der Regierung Morales

Im abgelegenen Salzsee Salar de Uyuni, über 3600 Meter über dem Meeresspiegel, lagern sie, die weltweit größten Vorkommen an Lithium. Mehr als 50 Prozent der globalen Reserven sind eingeschlossen in der salzigen Kruste dieser weißen Wüste, die noch vom Weltraum aus zu sehen ist und die Sonne wie ein heller Spiegel ins dunkle All zurückwirft. Die Prognosen der Wirtschaftsexperten überschlagen sich, Boliviens Zukunft scheint glänzend. Auf »über 120 Milliarden Euro jährlich« taxiert das renommierte US-Beratungsunternehmen Economist Intelligence Unit (EIU) für 2030 den industriellen Wert der Reserven. Bolivien, das Armenhaus Südamerikas, könne das »Dubai des 21. Jahrhunderts« werden, meint die spanische Tageszeitung *La Gaceta*.

Lithium, das seiner quarzhellen Farbe wegen auch das »weiße« oder »graue Gold« genannt wird, ist aus dem Alltag des modernen Menschen nicht mehr wegzudenken. Jedes Mal, wenn ein Mobiltelefon klingelt, auf eine Armbanduhr geschaut oder ein Laptop eingeschaltet wird, steckt es als Energiespeicher in den immer leichter, leistungsstärker und billiger werdenden Akkus. Mehr als 60 Prozent aller Handys und 90 Prozent aller tragbaren Computer laufen mit der unverzichtbaren Lithium-Ionen-Batterie.

Nicht nur in Europa und Nordamerika ist die Nachfrage nach wiederaufladbaren Batterien im rasanten Aufwind, der Weltmarkt giert nach Lithium. Immer stärker drängen die neuen Mittelschichten in China, Indien und Brasilien auf die globale Konsumbühne. Ob für drahtlose Kommunikation im Wohnzimmer, Unterhaltung auf dem Weg zur Arbeit oder urbane Mobilität – in nie gekanntem Ausmaß werden MP3-Player, iPhones und Digitalkameras gekauft. Die in Schwung gekommenen Motoren der Weltwirtschaft in China, Indien und Brasilien setzen auf Innovation und neue Technik, kraft eigener Anstrengungen rollen sie die wirtschaftspolitischen Machtverhältnisse der globalisierten Welt auf.

Längst setzt der aufstrebende Riese China auf die Fortbewegungstechnik der Zukunft: Elektromobilität. In der Millionenmetropole Shanghai sind Elektrofahrräder der letzte Schrei, nachdem die allmächtige Zentralregierung die lauten und stinkenden Mopeds und Motorräder in 90 Großstädten sanktioniert oder verboten hat. Und die Zwangsmaßnahme wirkt: Der Stadthimmel ist wieder blau, die Luft besser geworden, es kann durchgeatmet werden. Über 140 Millionen E-Bikes surren durch Chinas Innenstädte, pro Jahr exportiert das Reich der Mitte 24 Millionen Mopeds mit Elektromotor. Nun soll der Weltmarkt mit den konkurrenzlos billigen Elektrofahrrädern geflutet werden; das Modell mit Lithium-Akku kostet nur 200 bis 450 Euro.

Eine Lithium-Welle ist losgetreten. Das Milliardengeschäft nimmt unaufhaltsam an Fahrt auf. Bolivien könnte unter diesen Umständen zum El Dorado für Investoren werden. Rohstoffhändler an den Märkten in London und New York reiben sich eifrig die Hände, längst ist das weiße Gold zum Geheimtipp unter Spekulanten avanciert. Die Metallhändler sind sich einig: Der Welt steht ein sagenhafter Lithium-Rausch bevor. Der Preisanstieg der letzten Jahre nährt diese Profitträume. Noch 2001 kostete eine Tonne Lithium 1450 US-Dollar. 2009 vervierfachte sich der Preis auf 6000 US-Dollar. Eine echte Goldgrube tut sich auf. So bringt 2010 eine Tonne Erdöl auf dem Weltmarkt rund 550 US-Dollar, eine Tonne Kaffee 1600 US-Dollar, eine Tonne Kupfer 6500 US-Dollar. Doch Lithium ist auf der Überholspur. Analysten prognostizieren einen weiteren Preisanstieg innerhalb der nächsten Jahre; eine Tonne des Alkalimetalls könnte dann um die 9000 Dollar bringen.

Schätzungen der Unternehmensberatung A.T. Kearney zufolge könnte der junge Lithium-Markt bis 2015 auf 21,8 Milliarden US-Dollar wachsen, bis 2020 sogar auf 74,1 Milliarden. »Es könnte zu einem Wettrennen um die Lithium-Versorgung kommen«, prophezeit Alex Molinaroli, Spartenchef beim weltgrößten Autobatteriehersteller Johnson Controls. »Da werden sich ganz unterschiedliche Spieler positionieren.«

Die Automobilindustrie könnte entscheidend für den Lithium-Boom sein, die Massenproduktion einer neuen Generation von Elektroautos ist zum Greifen nah. Und die fahren nur mit der Batterie der Zukunft. Die Liste der Wagenbauer, von denen keiner den Startschuss der Elektroauto-Revolution verpassen will, liest sich wie ein *Who's who* der mächtigen Branche: Ford aus den USA, Mitsubishi, Toyota, Honda, Renault-Nissan aus Asien und Mercedes Benz, Volkswagen und der Mischkonzern Bolloré aus Europa. Bis 2012 wollen die Autohäuser über 42 verschiedene Elektromodelle anbieten, einige davon noch mit Hybridmotor, rechnet die Beraterfirma Pricewaterhouse-Coopers vor. Angepeilt ist zunächst ein kleines, aber »potentes Marktsegment«, die sogenannten *Early Adopters* sollen die Vorhut der noch kostspieligen *E-Mobility* sein. Einer zahlungskräftigen, aber umweltbewussten Klientel wird Fahren statt Gehen trotz globaler Erwärmung und brutalem Raubbau an der Natur als klimafreundlich und CO_2-frei verkauft.

Auf den Straßen fallen erste Veränderungen ins Auge. Immer mehr Ladestationen, Autosteckdosen großer Stromanbieter stehen an den Bordsteinkanten deutscher Großstädte, bereit zum Aufladen der neuen Generation von Elektroautos. Dazu spielt das Marketing der Global Player geschickt mit der Angst des autoverwöhnten Verbrauchers, dem Versiegen der Ölquellen: Der *Peak Oil* sei früher oder später erreicht, bald sei Schluss mit dem billigen Benzin. Rettung für Geldbeutel und Gewissen, so die Versprechungen, bringe das E-Auto, angetrieben durch alternative Energiequellen aus Sonne, Wind und Wasserkraft.

E-AUTOS ALS ROHSTOFF-FRESSER

Unaufhaltsam macht sich Lithium daran, zum Rohstoff der Zukunft zu werden. Die Forschungs- und Entwicklungsabteilungen der Autoriesen sind es, die auf die Lithium-Innovation setzen. Sicher ist, dass die Nachfrage nach dem Leichtmetall bei erfolgreicher Markteinführung der E-Autos in den Himmel schießen wird. Denn in Sachen Batterietechnologie gibt es für die Autobauer keine Alternative. Zwar sind Nickel-Cadmium-Akkus oder Nickel-Metallhydrid-Akkus um ein vielfaches günstiger als die Lithium-Ionen-Technik mit ihrem Stückpreis zwischen 5000 und 10 000 Euro. Doch haben sie zu wenig Power, um ein Auto über einen längeren Zeitraum und eine größere Entfernung anzutreiben.

Der ehernen Maxime der Arbeitsplatzsicherung verpflichtet, greifen immer mehr Regierungen ihren Autobauern bereitwillig unter die Arme. Das Rennen um das erste marktreife E-Auto ist in vollem Gange. Nicht nur Südkorea und Japan fördern ihre Unternehmen mit Unsummen von Steuergeldern. Peking zahlt jedem Käufer eines Elektromobils eine Prämie von bis zu 60 000 Yuan, rund 9036 US-Dollar, mehr als jedes andere Industrieland. Über elf Milliarden Dollar hat 2010 auch die Obama-Administration der Privatwirtschaft für die Entwicklung eines marktfähigen E-Autos bereitgestellt, bis 2015 sollen eine Million mit Strom betriebene Wagen über die Highways rollen. Auch den Bau neuer Lithium-Fabriken im eigenen Land finanziert Washington zur Hälfte mit. Deutschland ist vorsichtig und setzt weiter auf Verbrennungsmotoren. Für das 1-Million-Ziel gibt sich die selbst erklärte Auto-Nation fünf Jahre mehr. Versuche für mehr Elektromobilität gibt es viele. Allein 2010 steuerte Berlin 115 Millionen Euro für Projekte wie hybridangetriebene Lkws, Busse und Regionalzüge bei; E-Fahrräder und E-Roller werden in mehreren Regionen auf Alltagstauglichkeit und Rentabilität getestet.

Auch die neue Technik frisst Ressourcen, umsonst ist die versprochene grüne Mobilität nicht zu haben. Die französische Beratungsfirma Meridian International Research berechnete, dass zur Sicherung der künftigen Herstellung von E-Autos das Fünffache der heutigen Lithium-Förderung nötig ist, die derzeit auf rund 90 000 Tonnen im Jahr geschätzt wird. Nichtsdestotrotz macht sich die Branche vereint für das Elektroauto stark, gemeinsam werden optimistische Zukunftsbilder entworfen. Das französisch-japanische Konsortium Renault-Nissan und das führende Lithium-Bergbauunternehmen Soquimich (SQM), ein Unternehmen in chilenischem Staatsbesitz, operieren mit identischen Zahlen. Demnach soll in zehn Jahren einer von zehn Neuwagen mit Lithium-Ionen-Antrieb fahren, immerhin fünf Millionen Autos pro Jahr. Sollten diese Prognosen wahr werden, müssten über 160 000 Tonnen Lithium jedes Jahr gefördert werden. Der Verkauf von Lithium-Autobatterien würde explodieren, der Umsatz von heute 100 Millionen Dollar sprunghaft auf über eine Milliarde Dollar jährlich ansteigen. Und das ist erst der Anfang.

GERANGEL UMS LITHIUM-DREIECK

Die jüngsten Entwicklungen haben Bolivien und seinen Salzsee in den Anden schlagartig in den Mittelpunkt strategischer Überlegungen von Minenunternehmen, Automobilindustrie und ausländischer Regierungen katapultiert. Seitdem Warner die Furcht schüren, die weltweiten Lithiumvorkommen könnten angesichts einer immensen Nachfragesteigerung um jährlich 20 Prozent nicht ausreichen, hat rund um den Globus eine fiebrige Suche nach dem dritten Element des Periodensystems eingesetzt.

Die Gemüter konnten jedoch beruhigt werden. Es seien ausreichend »identifizierte Lithiumquellen« vorhanden, gibt eine Verfügbarkeitsanalyse des Zentrums für Sonnenenergie- und Wasserstoff-Forschung (ZSW) Entwarnung. Zwischen 27 und 32 Millionen Tonnen Lithium wurden weltweit ausgemacht, die unter heutigen Marktbedingungen abgebaut werden könnten. Den Berechnungen des ZSW nach reiche die Menge für die Herstellung von Batterien für rund zehn Milliarden E-Autos. Diese Lithiumvorräte würden genügen, um 200 Jahre lang jedes Jahr rund 50 Millionen Fahrzeuge mit Lithium-Ionen-Batterien zu bestücken, was ungefähr der zu erwartenden globalen Fahrzeugproduktion entspricht. Der technologische Fortschritt kann beginnen.

Doch müssen die Reserven auch angezapft werden. Die Zukunftsplaner der multinationalen Unternehmen wollen Bolivien in die Pflicht nehmen, das 10-Millionen-Einwohner-Land soll den entbrannten Lithium-Hunger der Autos produzierenden Länder stillen. Schon seit Jahrzehnten hatte man vom bolivianischen Lithium Kenntnis, sein Abbau war wegen der abgelegenen Lage des Salar, dem hohen Mischungsverhältnis des Lithiums mit anderen Mineralien und der daraus resultierenden geringeren Rendite kaum wirtschaftlich. Aber die veränderten Vorzeichen auf dem Weltmarkt haben dem bolivianischen Dornröschenschlaf am Salar de Uyuni ein jähes Ende bereitet. Der Umstieg auf die neue Automobiltechnologie soll auf sicheren Füßen stehen, der Rohstoffnachschub muss sichergestellt sein, so die Logik.

Der Rummel um Boliviens Lithium ist groß. Tageszeitungen, Magazine und TV-Dokus berichten über das weiße Gold in den Anden, und auch vom Kriegsschauplatz in Afghanistan wurden Mitte 2010 riesige Mengen des Rohstoffs vermeldet. In Bolivien hingegen herrscht Frieden, das historische Bergbauland ist ein Idealkandidat zur Eingliederung in die globale Automobil-Produktionskette. Die Zahlen über die Lithiumvorkommen sprechen für sich. Vorsichtige Schätzungen gehen davon aus, dass die harte Kruste des 10 000 Quadratkilometer großen Salzsees Millionen von Tonnen des Batteriematerials birgt. Die US-Behörde Geological Survey hat konkrete Daten: 5,4 Millionen Tonnen, doppelt so viel wie im Nachbarland Chile.

Der Salar de Uyuni ist die größte der drei Hauptlagerstätten im »Lithium-Dreieck« des amerikanischen Subkontinents. 70 Prozent der weltweiten Lithiumreserven finden sich hier in der Andenregion zwischen Chile, Bolivien und Argentinien. Mehr als die Hälfte des globalen Bedarfs wird bereits jetzt aus der sonst menschenleeren Gegend der Salzseen gedeckt, dessen Einsamkeit und Stille auf bolivianischer Seite allein unterbrochen wird von Rucksacktouristen und versprengten Dorfgemeinschaften, die mit ihren Lamaherden Viehwirtschaft betreiben oder Speisesalz abbauen. Am chilenischen Salar de Atacama und am Salar del Hombre Muerto Argentiniens ist es mit der idyllischen Ruhe schon lange vorbei. Seit Ende der neunziger Jahre wird hier intensiv gefördert, Lkws transportieren das zuvor in riesigen Erdwannen evaporierte Lithiumpulver auf endlosen Asphaltpisten zur Verschiffung in Richtung Häfen. Chile und Argentinien haben einen entscheidenden Marktvorteil. Deren Lithium ist rein und muss nicht wie im Falle Boliviens technisch aufwendig von Chlor, Magnesium, Bor, Kalium oder Natrium abgesondert werden. Im Gegensatz zu Bolivien ist auch eine ausgezeichnete Anbindung an Straßen und Häfen vorhanden. All das hält die Produktionskosten und damit den Endpreis konstant gering.

Übersichtlich wie die bolivianische Hochebene Altiplano ist bisher auch der Lithium-Markt, den sich die Chilenen mit Argentinien, China und den USA teilen. In Chile, noch bleibt es weltweiter Lithium-Produzent Nummer eins, kontrollieren zwei Unternehmen fast das gesamte Geschäft: SQM und Chemetall Foote. In dem schmalen Land am Pazifik liegen nach Bolivien die zweitgrößten Lithiumreserven; mit jährlich 40 000 Tonnen ist Chile einer der wichtigsten Versorger weltweit. In Argentinien hat sich der US-Chemiegigant FMC Corporation auf Platz drei der weltweit wichtigsten Lithium-Hersteller aufgeschwungen. In Bolivien war das Unternehmen Anfang der neunziger Jahre am massiven Widerstand der gut organisierten Gemeinden des Salar de Uyuni gescheitert. Mit Erfolg hatten sich die Bauern und Salzhändler gegen die Verkaufspläne der damaligen Regierung quergestellt. Die »korrupten Politiker in La Paz« waren längst sprichwörtlich geworden, sie hatten vor, die überlebenswichtigen Rohstoffe an transnationale Unternehmen zu verhökern. Auch war den Nordamerikanern die Erhebung einer Extrasteuer nicht genehm, sie wollten alles oder nichts. So zog es FMC ins Land der Gauchos, und Boliviens Lithium blieb unangetastet.

Noch hat sich Boliviens Führung nicht verrückt machen lassen vom hysterischen Trubel um das weiße Gold, bis heute ist nicht ein einziges Gramm bolivianischen Lithiums verkauft, Förderlizenzen sind nicht erteilt. Für die Linksregierung in La Paz ist die Ausgangslage bei der Pokerpartie um die Anteile am Lithium-See geradezu ideal. Internationale Konsortien schachern um den Schatz im Salar. Seit Monaten geben sich Delegation nach Delegation im Präsidentenpalast die Klinke in die Hand. Präsident Evo Morales spielt auf Zeit, er weiß ob der strategischen Bedeutung des Rohstoffs. Allein aber kann das Land die Millionen für den Bau einer Lithium-Förderanlage nicht aufbringen, auch an Know-how fehlt es.

TRAUM VOM NEUANFANG

Die Zwangsjacke des Weltmarkts und seinem Prinzip von Angebot und Nachfrage hat sich das Bolivien von heute allerdings abgestreift. Alles kann, nichts muss, scheint das neue Motto in Sachen Lithium-Geschäft. Denn auf bolivianischer Seite ist allen Beteiligten klar vor Augen: Einen erneuten Ausverkauf des Landes gilt es um jeden Preis abzuwenden. Dieses Mal will man den Reichtum, der im Salar de Uyuni schlummert, im eigenen Haus halten, anstatt weiter auszubluten. Dieses Mal soll der wertvolle Rohstoff nicht außer Landes geschafft werden. Dieses Mal soll alles anders werden. Tatsächlich stehen die Chancen für einen Neuanfang im Augenblick so gut wie selten. Der Wandel in der Politik ist wie überall eine Frage des Bewusstseins. Die koloniale Demut der Bolivianer, entstanden durch jahrhundertelang ausgeübte Gewalt und Unterdrückung in Kultur, Gesellschaft und Wirtschaft, ist Vergangenheit.

Heute wird nach vorn geschaut, den Kopf in der Höhe, nicht ergeben zum Boden gesenkt. Selten wie nie sind sich die Bolivianer ihres Reichtums bewusst. Stark und selbstbewusst hat sie die Geschichte des Widerstandes gemacht. Wie so oft in unfreien Gesellschaften war das politisch-psychologische Phänomen des Nationalismus auch in der Geschichte der Republik Bolivien zumeist ein Akt der Selbstverteidigung und politischen Selbstermächtigung gegen die Unterdrücker. Heute ist das nicht anders. Hinter den Bergarbeitern, Bauern, Lehrern und Angestellten liegen jahrelange Auseinandersetzungen, um die beachtlichen Naturressourcen der Andennation gegen einen korrupten Staat und den Zugriff fremder Rohstoff-Multis zu verteidigen.

Bei den Verhandlungsteams der Lithium-Jäger hat sich diese Tatsache längst herumgesprochen, so leicht wie früher sind Boliviens Bodenschätze nicht mehr zu haben. »Es ist das erste Mal, dass uns unser Reichtum bewusst wird«, beschreibt Bergbauminister José Antonio Pimentel Castillo die geistige Wende.

»500 Jahre lang war Alto Perú berühmt für seine Schätze. Aber nichts davon wurde in die Entwicklung unseres Landes investiert. Wir sind der Bettler auf dem goldenen Thron.«

»PARTNER, KEINE CHEFS«

Das sind neue Töne, denen Taten folgen sollen. Evo Morales und seine MAS machen Ernst, seit dem Machtantritt im Frühjahr 2006 steht die Rückeroberung der nationalen Souveränität über die Bodenschätze ganz oben auf der politischen Agenda. Die Anfang 2009 in Kraft getretene neue Verfassung hat die Verteidigung der Bodenschätze gegen den Zugriff ausländischen Kapitals gar zum Staatsziel erklärt. *Compañero Evo,* wie er von seinen Mitstreitern genannt wird, hat in der Wirtschaftspolitik zwei eiserne Prinzipien ausgegeben, alte Wahlversprechen der Linksregierung in ihrem jahrelangen Kampf um die Macht: »100 Prozent staatlich«, und in Sachen Zusammenarbeit mit dem Ausland: »Partner, keine Chefs«.

Derartiges Pharisäertum vom einstigen »Musterschüler« des neoliberalen *Washington Consensus* hat heftige Reaktionen provoziert. Vom reichen Norden wurde die ungewohnte Linie, die neuerdings unter der Bezeichnung »*Evo*nomics« die Runde macht, reflexartig abgestraft. Die Stereotypen, mit denen man die Politik des Gewerkschaftschefs der Kokabauern Morales beschrieb, reichten von »nationalistisch« über »protektionistisch« bis »kommunistisch«. Von Kuba und Venezuela ideologisierte »Indio-Sozialisten« hätten die Spielregeln des Weltmarktes wohl noch immer nicht akzeptiert, hagelte es unisono politisch-moralischen Tadel aus den Regierungshäusern von Spanien bis Deutschland. Seit der medienwirksam in Szene gesetzten Verstaatlichung der Gas- und Ölindustrie im Mai 2006 erklärte eine schallende Front konservativer Kolumnisten Bolivien zur »Marionette des demagogischen Teufels Chávez«, die Vereinigten Staaten unter George W. Bush waren drauf und dran, das Andenland in seine »Achse des Bösen« einzureihen.

Dabei sind es Respekt und Solidarität, die das kleine Land im Herzen Südamerikas verdient hätte. Hart ist der Weltmarkt mit dem Andenland umgesprungen. Bitter sind die Erfahrungen des nationalen Ausverkaufs an Spanien, England oder die USA. Die Reaktion Boliviens auf die blühenden Landschaften der anderen lautete: mehr Staat und gesellschaftliche Kontrolle – kaum verwunderlich bei einer Armutsrate von konstant 60 Prozent. Es sind schlicht zu viele Rohstoffbooms, die das südamerikanische Land zwischen dem sattgrünen Tiefland des Amazonas und den wolkenkratzenden Anden genährt hat, ohne etwas davon abbekommen zu haben. Erst Silber, dann Zinn, dann Kautschuk und Öl, nacheinander wurden Berge und Wälder geplündert und die Güter über die Grenzen abtransportiert.

Doch Bolivien hat sich politisiert, ein Sieg der Demokratie von unten. *Evo cumple* (»Evo hält Wort«) prangen Graffiti hundertfach an den Hauswänden der Armenstadt El Alto vor den Toren von La Paz, dem Sitz der Regierung. Auf Straßenfesten, in Cafés und im Privaten, überall und jeder redet, klatscht, positioniert sich zu den letzten Neuigkeiten aus Politik und Wirtschaft. Weder den reichen Großgrundbesitzern im Osten, die um ihre Latifundien bangen, noch den Bürgereliten in der 2-Millionen-Metropole, die um ihre Posten in Staat und Verwaltung fürchten, ist entgangen, dass ein frischer Wind durchs Land weht, der die festgefahrenen Hierarchien und Machtverhältnisse zwischen oben und unten, Indigenen, Mestizen und Weißen, Hochland und Tiefland auf den Kopf stellt.

Der Einzug des ersten indigenen Präsidenten Boliviens und seiner »Regierung der sozialen Bewegungen«, so das Selbstverständnis des breiten Bündnisses, in den Palacio Quemado hat Bolivien mit großer Wucht erschüttert und bei Millionen Entrechteten und Armen Hoffnungen geweckt – Hoffnungen, welche die MAS-Regierung unter hohen Erfolgsdruck setzt. Die

Wut der Enttäuschten wäre fatal. Es sind alte Wunden, die spanische Eroberung, Kolonialherrschaft und die Zeit der Unabhängigkeit hinterlassen haben.

Trotz dieser Last schaut Bolivien nach vorn, blickt mit offenen Augen zuversichtlich in die Zukunft. »Wir setzen große Hoffnungen in das Lithium, denn es gehört dem bolivianischen Volk«, sagt Marcelo Castro, Chef der staatlichen Pilotfabrik an den Ufern des Salar, die ab 2011 erstes Akku-Grundmaterial fördern soll. Ohne Wenn und Aber verbietet die neue Magna Charta den Verkauf des Lithiums an ausländische Unternehmen. Der Aufbau einer nationalen, diversifizierten Industrie, eigene Batteriefirmen und E-Autos *hecho en Bolivia* (»hergestellt in Bolivien«) – all dies soll die geschundene Nation langfristig aus der Armut führen.

»Wir wollen keine reinen Rohstoffexporteure mehr sein, wir werden uns industrialisieren, um von unseren Bodenschätzen voll und ganz zu profitieren«, spricht Castro für ein ganzes Land. Luís Alberto Echazú, ehemaliger Bergbauminister und jetziger »Staatssekretär für die Industrialisierung der Lithiumvorkommen«, sieht das genauso: »Wir wollen den industrialisierten Ländern und ihren Unternehmen die eine Nachricht übermitteln: Wir werden die Erfahrungen unserer Geschichte seit dem 15. Jahrhundert nicht noch einmal wiederholen. Für die Industrialisierung des Westens haben wir unsere Bodenschätze exportiert, was uns arm gelassen hat.«

Boliviens Geschichte ist die lange Erzählung eines Kampfes um die Kontrolle seiner natürlichen Reichtümer und Bodenschätze. Der Schatz am Lithium-See könnte den Traum von einer besseren Zukunft endlich wahr werden lassen.

3. SCHICKSALSJAHR 1817

»Der Terror der Kolonisatoren resultiert aus der Entscheidung von Machteliten, gewisse Gruppen in der Gesellschaft oder ganze Nationen für die eigene Bereicherung arbeiten zu lassen. In jeder Gesellschaft finden sich genug Henker und Folterer, um das gewünschte Ziel zu erreichen.«

Heinz Dieterich, Professor für Soziologie, Universidad Autónoma Metropolitana, Mexiko-Stadt

Für die bolivianische Nation könnte das Jahr 1817 weit schicksalhafter gewesen sein als bisher geahnt. In dem kleinen Stockholmer Labor seines Lehrers war es dem jungen Forscher Johan August Arfwedson gelungen, in einem spröden Gesteinsbrocken das leichteste aller Metalle nachzuweisen. Tag und Nacht arbeitete der ehrgeizige Wissenschaftler daran, der unbekannten Natur Struktur, Dichte und Reaktion jenes salzigen Materials zu entlocken, das er später auf den griechischen Namen für Stein taufen sollte: Lithium. Sollten sich die Hoffnungen auf eine Teilhabe am Lithium-Boom erfüllen, müsste Bolivien dem Schweden Arfwedson ein Denkmal errichten.

Im selben Jahr 1817 wurden die Völker und Landmassen rund um den Salar de Uyuni Zeugen eines gesellschaftlichen Experiments, dessen Ausgang für Lateinamerika mehr als ungewiss war. Die südamerikanischen Unabhängigkeitskriege waren in vollem Gange. Es war dieser riskante Abspaltungsversuch der wohlhabenden Kreolen-Elite, der bürgerlichen Nachkommen der Spanier, die in den Kolonien geboren und von ihrer alten Heimat in Europa ausgegrenzt und verachtet wurden. Kein Zeitgenosse hätte zu diesem turbulenten Zeitpunkt der Geschichte ein Urteil abzugeben gewagt über Ausgang und Folgen dieses politischen Abenteuers, dessen Gelingen oder Scheitern über das Schicksal eines ganzen Kontinents entscheiden würde.

Wie der Forscher Arfwedson waren Unabhängigkeitskämpfer wie Simón Bolívar, Antonio José de Sucre, José de San Martín und Bernardo O'Higgins getrieben vom Streben nach Veränderung. Der langen Herrschaft spanischer Kolonialherren überdrüssig, waren die südamerikanischen *Libertadores* fest entschlossen, den von Kolonialismus und Raubbau an Natur und Mensch ausgelaugten Kontinent mit Stahl, Schwarzpulver und Blei aus dem eisernen Griff der Alten Welt herauszutrennen.

Noch lagen lange Jahre des Kampfes vor den Revolutionären, nur schleppend kam die forcierte Ablösung voran. Politische Rückschläge und schwere militärische Niederlagen hatten der Unabhängigkeitsbewegung den anfänglichen Elan und Optimismus genommen, die Revolte drohte zu scheitern. In diesem Moment der Schwäche kam ein rettender Impuls von der anderen Seite des Atlantiks. Ein stürmischer Korse hatte sich darangemacht, Freiheit, Brüderlichkeit und Gleichheit in ganz Europa zu verbreiten. In einem nicht enden wollenden Siegesrausch hatte Napoleon versucht, Europa das drückende Joch von Königshäusern, Adel und Kirche ein für alle Mal abzuschlagen.

Tausende Seemeilen entfernt von den südamerikanischen Schlachtfeldern hatte Spaniens bourbonischer König Ferdinand VII. alle Hände voll zu tun. Eine Revolution war vor seinen Palästen und Lustgärten ausgebrochen, aufsässige Teile des eigenen Heers bedrohten den Status quo im Mutterland. Gerade erst waren die Franzosen nach Jahren der Besatzung von der Iberischen Halbinsel vertrieben. Die europäischen Kriegswirren sorgten dafür, dass der Rest der spanischen Flotte, die nach der verheerenden Seeschlacht von Trafalgar verblieben war, durch eine Blockade der Atlantikpassage in den Häfen der Kolonialmacht feststeckte. An eine Entsendung militärischen Nachschubs zur vernichtenden Niederschlagung der Aufständischen in Übersee war nicht zu denken.

Die Ideale der Französischen Revolution im Sinn und die junge Unabhängigkeit Nordamerikas vor Augen, legte Revolutionsführer Simón Bolívar einen heiligen Schwur ab, indem er den Spaniern ewige Feindschaft gelobte.

In Hispanoamerika sah die aufbegehrende kreolische Oberschicht ihren Moment gekommen. Nicht mehr willens, Steuern zu zahlen, die Einnahmen aus Handel und Wirtschaft mit der Monarchie in Spanien zu teilen und selbst voller Ambitionen auf Macht und Gloria, nutzte sie die Schwäche des Mutterlandes und die Gunst der Stunde. Der Befreiungsschlag gegen die als Fremdherrschaft empfundene Obrigkeit hatte endlich genügend Kraft entfaltet. Einmal entfacht, flog der Funke des Ungehorsams über ganz Südamerika hinweg. Wie ein Flächenbrand breitete sich der bewaffnete Aufstand vom Vizekönigreich Neugranada auf Perú und Río de la Plata aus.

Das hispanische Weltreich war Anfang des 19. Jahrhunderts längst brüchig, zu stark nagten die Kräfte der Veränderung an der porösen Kruste höfischer Dekadenz. Zu sehr hatten sich die Bourbonen auf den unermesslichen Zustrom an Reichtum aus den lateinamerikanischen Kolonien verlassen, eine unversiegbare Quelle des Wohlstandes war ins Land geströmt.

Dennoch wurden auf der Iberischen Halbinsel nur wenige Waren und Güter von den Spaniern in Eigenregie hergestellt, selbst Korn und Früchte importierten die Herren der Welt aus dem Rest Europas. Wozu auch Manufakturen bauen und mühsam die Felder bestellen, beglich man die horrenden Rechnungen für den luxuriösen Lebenswandel doch mit dem Silber der Bergwerke in Bolivien und Mexiko oder kaufte auf Pump.

Dieser satten und selbstgefälligen Lebensart geschuldet, verpasste die iberische Wirtschaft den Anschluss an die protestantisch-strebsamen Engländer, Holländer und Deutschen. Diese wurden zu den eigentlichen Gewinnern der Ausbeutung in Übersee. Längst hatten sich die Unternehmer auf den lukrativen Handel zwischen den Kontinenten spezialisiert, die Augsburger Handelsdynastien Fugger und Welser finanzierten die spanische Vorherrschaft bereitwillig mit zinsträchtigen Krediten. Das Kapital, das aus den Minen Amerikas über den Umweg Spanien in die Hände der aufstrebenden Bürgerschaft Nordeuropas floss, legte den Grundstein für die bevorstehende Industrialisierung der Alten Welt.

WENDE OHNE WANDEL

1817 lag ganz Südamerika im Krieg. Von den tropischen Karibikküsten bis zum eisigen Feuerland wurde erbittert gekämpft, trotzig wehrten sich die Kolonialherren und ihre treuen Verbündeten gegen den drohenden Zerfall. Doch der war durch nichts aufzuhalten. Einer Kettenreaktion gleich brachen die Revolutionsheere Stadt um Stadt, Hafen um Hafen und Land um Land aus dem Machtbereich der Statthalter und Beamten im Dienste der Krone heraus. Menschliche Vernunft statt blinden Gottesgehorsams, freie Rede und Schrift statt päpstlicher Zensur, demokratische Selbstbestimmung statt absolutistischer Alleinherrschaft waren die leuchtenden Fackeln, welche die Rebellen vor sich her trugen. Bald, so die verkündete Botschaft, sollte auch Südamerika das langersehnte Licht der Freiheit erblicken.

Auch für die künftige Republik Bolivien sollte 1817 ein Jahr der Wende sein. Unter sagenhafter Kraftanstrengung war es den Revolutionstruppen von der argentinischen Tiefebene des Río de la Plata gelungen, die Anden zu überqueren. Im Februar 1817 schlugen die vereinten Armeen von San Martín und O'Higgins die überraschten Royalisten in der Schlacht von Chacabuco. Santiago de Chile als strategische Hafenstadt und die Küste westlich der Anden waren Richtung Norden bis zum peruanischen Lima unter republikanischer Kontrolle. Nach und nach gewannen die Befreiungsarmeen auf dem ganzen Kontinent die Oberhand. Nur kurze Zeit später fiel das Vizekönigreich Perú, der Zugang zu den kargen Hochebenen von Alto Perú lag zur Eroberung bereit.

Sieben Jahre sollte es noch dauern, bis die letzte Stütze des kolonialen Kartenhauses fiel. In der historischen Schlacht von Ayacucho besiegte General Sucre 1824 die demoralisierten Kräfte der verbliebenen Royalisten, die sich hoch oben auf dem unzugänglichen Andenplateau des heutigen Boliviens dem Kriegsgeschehen an den Küsten und Ebenen entzogen hatten. Spanien hatte seine Kolonien endgültig verloren.

Glocken und Kanonen verkündeten allerorts das Ende des Krieges. In Mexiko, Panama, Großkolumbien, Argentinien, Chile, Paraguay, Ecuador und Peru hatten die jubelnden Sieger freie Republiken ausgerufen. Ganz Amerika hatte sich von der spanischen Herrschaft befreit, nur Kuba und Puerto Rico blieben in königlicher Hand.

Am 6. August 1825 erklärte Alto Perú, der südliche Teil des zerfallenen Vizekönigreichs Perú, seine politische Eigenständigkeit. In Chuquisaca, der einflussreichen und wohlhabenden Verwaltungshauptstadt der *Real Audiencia* von Charcas, einem der spanischen Gerichtsdistrikte, rief eine Bürgerversammlung die unabhängige Republik Bolivien aus. Die Präsidentschaft des jungen Landes, das zu Ehren des *Gran Libertador* seitdem seinen Namen trägt, übernahm für nur vier Monate Bolívar selbst. Im Dezember 1825 übertrug er das ungeliebte Amt dem Weggefährten General Sucre. Ihm zum Dank sollte die republikanische Hauptstadt Chuquisaca 1839 auf Sucre umgetauft werden.

Die wohlhabenden Kreolen-Bürger von Charcas und Potosí, die General Sucre als Protegé ihres frisch gekürten Staates verstanden, handelten in vorausschauendem Kalkül, denn ihre Privilegien aus Kolonialzeiten abzugeben waren sie nicht bereit. Aus Angst vor einem Volksaufstand der ausgebeuteten Indigenen hatten die aristokratischen Großgrundbesitzer, bourgeoisen Händlerfamilien und katholischen Kleriker zielstrebig die neue Macht unter sich aufgeteilt. Unter neuer Flagge war die alte Elite zu eigenständigen Regenten eines riesigen Gebietes aufgestiegen. Die Eingliederung in die argentinische La-Plata-

Union oder in ein historisches Großperu hatten die neuen Herren instinktiv abzuwehren gewusst.

Bolívar waren der Machthunger und die intriganten Rivalitäten der lokalen Eliten ein Dorn im Auge. Vergeblich hatte sich der Befreier gegen eine Aufteilung Südamerikas in eine Handvoll kleiner Einzelstaaten gestemmt. Auch die Gründung der bolivianischen Nation lehnte er ab. Die Geschichte des unabhängigen Lateinamerikas hatte längst einen anderen Kurs eingeschlagen als in Bolívars Utopie von einer »großen südamerikanischen Nation«. Zu gering war sein Einfluss, um den riesigen Kontinent unter seiner Herrschaft politisch zu einen.

Der Jubel, der ihm bei seinem ersten Staatsbesuch in den Anden in den Straßen von La Paz, Oruro, Potosí und Chuquisaca entgegenschallte, stimmte ihn jedoch versöhnlich. Mit einem weinenden und einem lachenden Auge ergab er sich dem Lauf der Dinge und entwarf eine neue Verfassung für das Land. Die Nation in der Mitte Südamerikas erklärte er kurzerhand zu seiner »Lieblingstochter«.

In dem neuen Staat hielt nun die weiße Stadtelite die Fäden von Macht und Wirtschaft in der Hand. Dafür hatten sie ein hohes Risiko auf sich genommen, dafür hatten sie gekämpft. Die Mehrheit der neuen Staatsbürger waren aber Aymara und Quechua, die in Bergbau und Landwirtschaft weiter als billige Arbeitskräfte schuften sollten.

Drei Jahrhunderte der Ausbeutung und Fremdherrschaft lagen hinter den Indigenen. Die Eroberung ihres Kontinents hatte die Entmachtung der herrschenden Inka und die Unterwerfung der Urbevölkerung unter Krone und Kreuz bedeutet. Die spanischen Könige hatten die Erweiterung ihrer politischen und wirtschaftlichen Macht, ihre Unternehmerschaft Gold, Ruhm und Ehre gesucht. Um die Kontrolle und Regierbarkeit der neuen Untertanen zu garantieren, diktierten sie den Eroberten ein »zivilisierendes« Umerziehungsprogramm. Die »Indios« sollten wie die Europäer in Dörfern mit Häusern siedeln, Ackerbau und Viehzucht nachgehen und zum christlichen Glauben der Konquistadoren übertreten.

Die Aussicht auf schnellen Reichtum ohne »niedere« Arbeit hatte zuerst die Kriegerkaste der Spanier in die Neue Welt getrieben. Die Mehrheit der Berufssoldaten war bei der christlichen Rückeroberung der Iberischen Halbinsel gegen die Moslems dabei gewesen, körperliche Anstrengung kannten sie nur vom Schlachtfeld. Auch die neu angekommenen Kolonisten, die vor der engen Ständegesellschaft ohne Aufstiegsmöglichkeiten aus ihrer Heimat geflohen waren, hatten nicht im Sinn, sich in Minen oder auf Äckern den Rücken bucklig zu schuften. Sie alle wollten *Hidalgos* (»Edelleute«) sein. In der Ausbeutung der indianischen Arbeitskraft sahen diese »Don Quijotes« die Chance ihres Lebens.

Die Regierung in Spanien kam diesen Aufstiegsambitionen gern entgegen. 1503 dekretierte die Krone das System der *Encomienda.* Danach wurde den Konquistadoren die Verwaltung von Ländereien und die auf ihr lebende Bevölkerung »anvertraut«. Die Indigenen mussten Gold, Silber, Kleidung, Fleisch und Korn als Abgaben an den *Encomendero* zahlen und für ihn arbeiten. Im Gegenzug waren die Kolonisten verpflichtet, den »Vasallen« das Christentum näherzubringen.

Die Krone hatte mit dieser christlich bemäntelten Regelung nur de jure eine offene Versklavung der eroberten Völker Amerikas vermieden, die sie nach eigenem Rechts- und Moralverständnis als »freie« Personen betrachtete. Einzig Anhänger anderer Religionen durften als »Ungläubige« versklavt werden, sie hatten sich für einen »falschen Glauben« und gegen das Christentum entschieden.

Die Kolonisatoren stellten bei ihrer Ankunft in Lateinamerika die »Heiden« vor die Wahl, sich zu Feind oder Freund der Spanier zu erklären. Trafen die Kreuzritter im »gerechten Krieg« auf amerikanische Völker, so wurde zunächst das *Requerimiento* verlesen. In lateinischer Sprache erzählte die nach damaligem Verständnis völkerrechtliche Erklärung dem verdutzten Gegenüber die christliche Geschichte von der Schöpfung der Welt und der Menschwerdung und präsentierte den Papst als von Gott eingesetzten Herrscher auf Erden. Auch wenn der Zuhörer nicht ein Wort der fremden Sprache verstanden hatte und eingeschüchtert war von gezogenen Schwertern, bellenden Kampfhunden und blinkenden Rüstungen – schließlich wurde er aufgefordert, sich Gott, Papst und König zu unterwerfen. Bei Ablehnung dieses Friedensangebotes drohte der Verlust aller Rechte: Krieg, Enteignung, Versklavung von Männern, Frauen und Kindern.

Am Ende siegte immer der Stärkere. Den neuen Herren aus Europa war das Leben der Unterworfenen wenig wert, die menschliche Arbeitskraft wurde gnadenlos ausgenutzt. Mitte des 16. Jahrhunderts dekretierte die spanische Krone die »Indianerschutzgesetze«, um die schweren Lebensbedingungen der Kolonisierten zu mildern, und verbot den *Encomenderos* die offene Versklavung der Bevölkerung. Als Kompensation wurde ihnen eine Entschädigung gezahlt. Doch verpuffte die lindernde Maßnahme mangels staatlicher Kontrollmacht vor Ort, in Übersee verfuhren die Konquistadoren weiter, wie sie wollten. Wie so oft regierte das Motto *»se obedece, pero no se cumple«*, man gehorcht, aber führt das Gesetz nicht aus. Neben der Fronarbeit und der Abgabepflicht für die in den indigenen Gemeinden hergestellten Produkte mussten die Eroberten jetzt noch eine Steuer an Spaniens König zahlen, der sich in Rechtsnachfolge des Inka-Herrschers sah. Durch die Gesetzesreform profitierten die eingewanderten neureichen Europäer von den Einheimischen doppelt. Die sklavenähnliche Ausbeutung durch die *Encomienda* führten sie an den Behörden vorbei weiter, und den »Indianertribut« für den angeblichen Ausfall der Arbeitskraft steckten sie sich zusätzlich in die Taschen.

Mit den »Indianerschutzgesetzen« war auf Druck der Konquistadoren, die für Landwirtschaft und Bergbau Arbeitskräfte brauchten, das »Gesetz der Zuteilung« erlassen worden. Das *Repartimiento* war eine Modifizierung der *Encomienda* und erlaubte den Kolonisatoren sich 40, 60 oder 300 »befriedete Indios« zur Zwangsarbeit zu rekrutieren. Wer eine *Repartimiento*-Lizenz erhielt, hatte sich im Gegenzug zur Unterbringung, Bekleidung und Zahlung eines »angemessenen Lohnes« seiner Zwangsarbeiter zu verpflichten. Mindestens eine Woche im Monat musste Amerikas Urbevölkerung seitdem in den Häusern und Haciendas der spanischen Kaste zu Werke gehen, Felder bestellen, Plantagen abernten, das Essen bringen oder Ställe ausmisten.

BLUTIGES SILBER

Für Alto Perú wurde Zwangsarbeit in den Bergwerken eingeführt. Die Männer der indigenen Bevölkerung waren wertvoller als jedes Gold. »Die Ausbeutung des Cerro Rico und die Arbeit an den Schmelztiegeln wären ohne die Indios unmöglich, ohne sie läuft gar nichts. Sind sie nicht da, kommt jede Maschine zum Stehen«, beschreibt der Schriftsteller Ramón Rocha Monroy im Historienroman *Potosí 1600* ihre Rolle. Zerlumpt, abgemagert und bleich wie Mumien »sind sie der Stoff, aus dem der Reichtum gemacht ist. Diese Leben sind unvergleichlich hart. Alle anderen Sklaven dieser Welt hatten geradezu Glück.«

Der Cerro Rico, der »Reiche Berg« von Potosí, wurde zum Sinnbild der Ausbeutung von Boliviens Bodenschätzen und seiner indigenen Urbevölkerung. Das *Mita*-System, in Quechua »Schicht« oder »Arbeitszeit«, hatte die spanische Kolonialherrschaft in seiner Organisationsform von den Inka-Königen übernommen, um den arbeitsintensiven Abbau und Abtransport der größten Silbervorkommen der Welt in Richtung Europa sicherzustellen. Diese alte Tradition der Gemeinschaftsarbeit nutzte der Vizekönig von Alto Perú, Francisco de Toledo, erbarmungslos aus.

Spaniens Vormachtstellung in Europa gründete sich auf den unglaublichen Reichtum von Potosí. Nach und nach wurde die

Bergbauindustrie in Potosí auf die wachsende Nachfrage Europas nach Silber und anderen Edelmetallen getrimmt. Die Krone wusste, was sie der Bergbaustadt verdankte. Als der spanische König Karl V. ihr 1553 den Titel »Villa Imperial« verlieh, erhielt das Stadtwappen die Aufschrift: »Ich bin das reiche Potosí, Schatzkammer der Welt, beneidet von allen Königen.«

Für die neuen Herren war die Kombination aus *Mita* und Bergbau ein einträgliches Geschäftsmodell. Je nach Bedarf wurden Männer zwischen 18 und 50 Jahren vom spanischen Kolonialbeamten angefordert. Dieser *Corregidor* gab seine Wunschliste an die lokalen Stammeschefs, die *Caciques*, weiter, die sich um die Bereitstellung der Zwangsarbeiter zu kümmern hatten.

In den Dörfern traf es die Ärmsten. Zehntausende waren gezwungen, Jahr um Jahr ihren gefährlichen Frondienst in den Bergwerken anzutreten. Da die *Mitayos* Frau und Kind mit in die Bergbauzentren nahmen, verloren sie der weiten Entfernungen wegen jeden Kontakt zur Dorfgemeinschaft, ihre Felder lagen brach. Nach dem Zwangsdienst blieben die meisten in den Armenvierteln der Stadt und versuchten, sich als Arbeiter auf eigene Rechnung durchzuschlagen. Rund ein Drittel aller Bergleute von Potosí setzten im *Mita*-System ihr Leben aufs Spiel, ohne einen Lohn dafür zu erhalten. Täglich acht Stunden krochen die Männer mehrere Hundert Meter in die Erde, lange Leitern führten sie in diese schwarze Hölle. Um ihre Brust hängten sie einen Sack aus Leinen, der im Laufe des Tages mit dem Minimal-Soll an Gestein gefüllt werden musste: 23 Kilogramm.

Wer es sich leisten konnte, kaufte sich vom Zwangsdienst frei. An den Minenbetreiber zahlten wohlhabendere Indigene eine »Entschädigung« für den Ausfall ihrer Arbeitskraft. Mit diesem finanziellen Ersatz wurde für den *Indio en plata*, den »Silber-Indio«, ein Lohnarbeiter angeheuert. Die Menschen in Alto Perú subventionierten somit die Silberproduktion der Spanier. In den meisten Fällen aber wurde das schnelle Geld für ein Leben in Luxus verprasst. Wer über die »Silber-Indios« zu Reichtum gekommen war, rühmte sich mit der sarkastischen Metapher, er habe einen *Indio de faldiriquera,* einen »Indio in der Tasche«.

Die Arbeit im Cerro Rico war menschenunwürdig. Einbrechende Schächte, Sauerstoffnot und Stürze forderten tagtäglich ihren blutigen Tribut, während Unternehmer und das spanische Königshaus das Geschäft des Jahrhunderts machten. Die Nutznießer des Silberreichtums lebten in herrschaftlichen Palästen und feierten rauschende Feste. Die Krone hatte das Recht auf alle Bodenschätze, ein Fünftel des geförderten Silbers ging in Form von Steuern an das ferne Königshaus. Gleichzeitig kontrollierte der König das Monopol auf das für die Metallschmelzung unerlässliche Quecksilber, ein einträgliches Zusatzgeschäft. Trotz der Steuerlast erzielten die privaten Betreibergesellschaften satte Gewinne.

Der Skandal von Potosí war offensichtlich. Nach einem Besuch der Bergwerke schrieb Graf Lemos, Vizekönig von Perú, 1699 gen Heimat: »Nach Spanien wird nicht Silber, sondern Indianerblut und Indianerschweiß verschifft.« Wie viele Arbeiter der Cerro Rico im Laufe der Geschichte verschluckte, ist nicht bekannt. Schätzungen schwanken zwischen mehreren Hunderttausend und sieben Millionen Opfern.

Die Gründung der Republik Bolivien 1825 brachte den Indigenen nur einen Wechsel der Obrigkeit. Hatte der Aufstand gegen die spanische Krone in Mexiko durch eine bewaffnete Erhebung der unterdrückten Urbevölkerung und Mestizen seinen Anfang genommen, war die Revolution in Bolivien eine Kraftprobe zwischen kreolischen Bürgern und den vom König entsendeten spanischen Beamten des Mutterlandes.

Zwar markierte der neue Staat in den Händen der Kreolen ein Ende des europäischen Kolonialismus, aber die Diskriminierung im Inneren ging ohne Bruch weiter. Die indigene Mehrheit war zu Bürgern zweiter Klasse degradiert. Ein strenges Zensuswahlrecht verhinderte die politische Mitbestimmung der mittellosen Massen; wer wählen oder für einen Sitz im Parlament kandidieren wollte, musste ein hohes Einkommen und Lese- und Schreibfähigkeit in Spanisch nachweisen, was die bolivianische Soziologin Silvia Rivera als »internen Kolonialismus« brandmarkt. Über die Kontrolle des Staates habe die weiße Elite die »ideologische und politische Macht« monopolisiert.

Vom Beginn der spanischen Fremdherrschaft über die Republikzeit bis zum heutigen Zeitpunkt waren die Aymara und Quechua durch eine Kaste der Herren dominiert und von der gesellschaftlichen Teilhabe effektiv ausgeschlossen worden. In ihrer Verachtung gegenüber den »schmutzigen Indios« stand die neue republikanische Elite den aus dem Land vertriebenen Kolonialherren in nichts nach. »Der Indio isst vom Eigenen, was er zum Leben braucht, und vom Fremden, bis er platzt. Er lebt, um zu leben, und schläft ohne Maß, er glaubt nur an das Falsche und lehnt die Wahrheit ab. Er wird aus Dummheit krank und stirbt, ohne Gott zu fürchten«, dokumentiert der bolivianische Historiker Ramiro Condarco die abfälligen Worte eines Stadtbewohners von La Paz und den virulenten Rassismus gegen die indigene Bevölkerung.

Die kreolische Elite verschanzte sich hinter ihrem rassistischen Diskurs vom »Zivilisationismus«. In der Welt des damals aufstrebenden liberalen Bürgertums, das nach eigenem Selbstverständnis »Fortschritt und Moderne«, also ein besseres Bolivien vertrat, hatte das »archaische« Indigene keinen Platz.

Doch spielte die indigene Mehrheit für die Nationengründung Boliviens ideologisch eine entscheidende Rolle. Die Indigenen waren stets das »Andere«, über das sich das Bürgertum auf der Suche nach einer eigenen Identität zu definieren suchte. Tageszeitungen und Zeitschriften waren voller Kommentare über die »unstrukturierte, wenig anerkannte Indianerschaft«, der der neue Staatsbürger europäischen Ursprungs entgegengestellt wurde. »Unsere Barbaren« galt es zu zivilisieren, zu assimilieren oder zu eliminieren, so der Ton im Blätterwald.

Dieser herablassende Paternalismus hatte ökonomische

Gründe. Unter dem Vorwand der Modernisierung wurden nach der Unabhängigkeit in Bolivien riesige Gebiete gemeinschaftlichen »Indianerlandes« enteignet und in Privateigentum überführt. Die vom europäischen Liberalismus geprägte neue Verfassung stellte die so angeeigneten Güter unter Staatsschutz. Privatbesitz war zur einzig juristisch erlaubten Form des Eigentums erklärt worden, das traditionelle Gemeindegut der *Ayllus* im Hochland galt als illegal.

Durch diesen Landraub erreichte die Ausbeutung der Indigenen einen neuen Höhepunkt. Die chronisch ungleiche Landverteilung ist bis heute eine der Hauptursachen für Armut und Hunger.

Wirtschaftlich waren die Indigenen unverzichtbar. Wie schon das Kolonialreich konnte auch die neue Republik nicht auf die billige Arbeitskraft und Produktivität seiner damals rund eine Million Ureinwohner verzichten. Nach der Unabhängigkeit lag die Wirtschaft danieder. Die staatliche Selbständigkeit hatte das Land isoliert, der Bergbau steckte nach Krieg und Zerstörung in der Krise. Über 10 000 Minen hatten ihren Betrieb eingestellt, Anleger und Fachleute hatten ängstlich die Flucht ergriffen. Die *Mita* war von Bolívar im Juli 1825 abgeschafft worden, seitdem war die indigene Arbeitskraft für Unternehmer nur noch für Lohn zu haben. Obwohl es in Potosí Silber noch immer im Überfluss gab, wagte angesichts der gestiegenen Produktionskosten kaum jemand zu investieren.

In London hatte es 1825 einen Börsencrash gegeben, die Metallpreise waren im Keller, das seit dem Niedergang Spaniens erstarkte englische Kapital hielt sich in der instabilen Zeit des Umbruchs zurück. Für den Transport von Silber, anderen Metallen und Waren über die Nachbarrepubliken Argentinien, Peru und Chile musste Bolivien hohe Zölle und Sonderabgaben für die Benutzung der Häfen zahlen. Die Zollunion aus der Kolonialzeit hatte sich in Luft aufgelöst. Nun verfolgte jedes Land eine merkantilistische Schutzzollpolitik zur Sicherung der eigenen Märkte.

Den Indigenen verschaffte die Krise der Börsen und des Exportgeschäfts eine Atempause. 90 Prozent von ihnen lebten als Bauern auf dem Land. Vom *Mita*-Joch der spanischen Kolonialisten befreit, blühte die Landwirtschaft auf wie nie. Entlastend wirkte zudem, dass Präsident Sucre die katholische Kirche durch Konfiszierung ihres Großgrundbesitzes weitgehend entmachtet hatte und auch das System des *Repartimiento* außer Kraft gesetzt worden war.

In dieser historischen Übergangsphase der Instabilität trat das Paradox der bolivianischen Wirtschaft voll zutage. In Boomzeiten brachte der Export der Bodenschätze allein Reichtum und Wohlstand für die kleine Elite. Jetzt aber florierte der Binnenhandel mit den Erzeugnissen der Landwirtschaft. Die breite Bevölkerung kam mit der alten Form der Subsistenzwirtschaft gut über die Runden. Die erzielten Überschüsse konnten an die Städte verkauft werden, La Paz und Cochabamba mit ihrem agrarischen Hinterland wuchsen auf 40 000 Einwohner an und wurden zu den neuen Handelszentren des Andenlandes.

Derweil brauchte Präsident Sucre dringend Staatseinnahmen, die neue Republik stand vor der Pleite. Die Unabhängigkeitskriege hatten Bolivien ein Heer an Soldaten hinterlassen, die auf Besoldung bestanden, was über die Hälfte des Budgets verschlang. Die Verwaltung, die auf die Erfahrung der spanischen Beamten verzichten musste, war unfähig oder nicht willens, die Oberschicht zu besteuern. Die Veranlagung von Einkommen und Landbesitz mit sukzessivem Steuersatz, die Sucre als eine für seine Zeit revolutionäre Erneuerung eingeführt hatte, war ins Leere gelaufen. Schwer drückten die laufenden Ausgaben für die Staatsbürokratie und die horrenden Gehälter der verbliebenen Geistlichkeit.

Der pragmatische Kongress lockerte kurzerhand die Eigentumsbeschränkungen für das indigene Gemeinschaftsgut. Damit konnten die *Ayllus* nun kräftig mit Abgaben belegt werden, 60 Prozent der Steuereinnahmen sprudelten wieder auf Kosten der Indigenen in die Staatskasse.

1829 übernahm General Andrés de Santa Cruz die Präsidentschaft der jungen Republik. Er festigte Bolivien wirtschaftlich, sozial und politisch und bescherte der Nation eine zehn Jahre währende Zeit des Friedens. Der Staat lockte wieder Investoren ins Land, es floss Kapital aus England und Argentinien, und in den Bergbauminen und Schmelzanlagen wurde der Betrieb wieder aufgenommen.

»Die Regierungen von Sucre und Santa Cruz bewahrten das Beste der revolutionären Gedanken und Ideen der Befreiungsbewegung, beide Männer demonstrierten eine Humanität und Toleranz im politischen Handeln, die einen scharfen Kontrast bilden zu der Gruppe von Herrschern, welche die Republik in den kommenden Jahrzehnten regieren sollten«, resümiert der Historiker Herbert S. Klein den Übergang zu einer von *Caudillos,* Militärdiktaturen und politischem Zwist gekennzeichneten Epoche. Bis 1880 sollte Bolivien ein »Staat in der Krise« sein. Durch Krieg hatte die bolivianische Wirtschaft seine guten Kontakte zum chilenischen Nachbarn verspielt, die Exportrouten waren gekappt.

SCHWERES ERBE

Die Indigenen lebten wieder in einem System der Unfreiheit. Die politischen Kämpfe der Kreolen waren für sie Spiele der Mächtigen, die an ihrem schweren Alltag wenig änderten. Bis Mitte des 20. Jahrhunderts war es der »bronzenen Rasse«, wie der bolivianische Schriftsteller Alcides Arguedas die Bewohner des Altiplano in seinem gleichnamigen Buch bezeichnet, verboten, sich auf der Plaza Murillo vor dem Präsidentenpalast in La Paz aufzuhalten. »Seit 1825, als wir republikanisiert wurden, sind die Indigenen nur als Arbeitskräfte angesehen worden, als Tragetiere, nur dafür waren wir gut. Die dominante Elite, das waren die Nachkommen der Militärs, Unternehmer und Fabrikbesitzer, Besitzer der Gesetze, Besitzer von allem«, beschreibt

Felipe Quispe von der Bewegung *Movimiento Indígena Pachakuti* (MIP) die historische Ausgrenzung und Demütigung und bemerkt weiter: »In der Geschichte der Republik konnten wir uns nie selber regieren, wir hatten nie die Macht.«

Bis Ende des Zweiten Weltkrieges blieb das Feudalsystem der *Pongeaje*, der unentgeltlichen Arbeit auf den Haciendas, intakt. »Die Esel, Pferde und Lamas haben mehr Glück«, benennt der Engländer Emilio Barbier die missliche Lage der Indigenen Ende des 19. Jahrhunderts. »Ihres Geldwertes wegen werden die wenigstens mit Bedacht behandelt.«

Der Sozialdarwinismus einer weißen Oberschicht, die sich für den Aufbau einer Nation aller Bolivianer wiederholt als unfähig erwiesen hatte, wirkt bis heute nach. Statt sich das eigene Versagen einzugestehen, sucht sie die Gründe des Scheiterns anderswo. Gern wird auf Chile verwiesen, der Reichtum des Nachbarlands sei der Tatsache geschuldet, dass die spanischen Eroberer schon bei der *Conquista* »kurzen Prozess« mit der Urbevölkerung gemacht hätten.

Heute geht in Bolivien an den »Indios« kein Weg mehr vorbei. Sie sitzen in Parlamenten, Ministerien und Gerichten, Kenntnisse einer indigenen Sprache sind mittlerweile Voraussetzung für die Bekleidung öffentlicher Ämter. Die gigantischen Lithiumvorkommen am Salar de Uyuni, auch sie liegen in indigenem Siedlungsgebiet. Erstmals in seiner Geschichte könnte das Land eine Nation aller Bolivianer werden. Die Gräben, welche die koloniale Ausbeutung über Jahrhunderte durch die ungleiche Gesellschaft Boliviens gezogen hat, sind tief. Auch wenn das koloniale Erbe weiterhin das Leben von Millionen prägt, stehen die Zeichen auf Versöhnung. »Die Indigenen und Weißen haben 500 Jahre Rücken an Rücken gelebt. Nun ist es an der Zeit, dass wir uns in die Augen schauen«, heißt es in einem populären Lied aus dem *Ayllu* von Qaqachaka bei La Paz.

4. VERFLUCHTES PARADIES

»Die Regionen, die wie Potosí in Bolivien am engsten mit Europa verbunden waren, sind heute am ärmsten.«

André Gunder Frank, Begründer der Dependenztheorie

Der Duft frisch gebackener *Empanadas* mischt sich mit dem Aroma von Café Ideal und braunem Rohrzucker von heimischen Plantagen, die nur wenige Kilometer stadtauswärts bis an den vor Hitze flimmernden Horizont reichen. Erfrischung bringt eine sanfte Brise aus dem Süden, es sind 40 Grad im Schatten. Palmen flattern im Wind, Strandgefühl macht sich breit. Aus der Hängematte kommt die Frage herübergeweht, die hier, in der Millionenmetropole Santa Cruz de la Sierra am äußersten Südrand des Amazonasbeckens immer wieder gern gestellt wird: »Warum eigentlich hat Bolivien kein Meer?«

In geheimer Absprache mit Peru hatte Bolivien einst den Salpeterkrieg gegen den prosperierenden Nachbarn Chile vom Zaun gebrochen. Die besiegelte Niederlage von 1884 endete im Verlust des letzten Meereszugangs, über den Bolivien Seehandel treiben konnte. Auch damals ging es um Rohstoffe, das »weiße Gold« des 19. Jahrhunderts hieß Salpeter. Im bolivianischen *Departamento* Litoral, heute das chilenische Antofagasta, kontrollierten Chilenen, Deutsche und Briten die weltgrößten Salpetervorkommen – helles Nitrat-Pulver, mit dem Europa und Nordamerika Sprengstoff bauten und die Landwirtschaft vor der Erfindung des Kunstdüngers auf Hochleistung brachten.

Der Salpeterrausch von damals hatte in La Paz Begehrlichkeiten geweckt. Diktator Hilarión Daza, nach der blutigen Ermordung seines Vorgängers an die Macht gekommen, wollte vom Geschäft mit dem Nitrat etwas abhaben. Mit einer Sondersteuer auf jede exportierte Tonne Salpeter beabsichtigte der junge Militär, den maroden Staatshaushalt zu sanieren. Doch der Plan schlug fehl und stürzte Bolivien ins größte politische Fiasko seiner noch jungen republikanischen Geschichte.

Unklare zwischenstaatliche Vertragsklauseln ausnutzend, hatte das militärisch überlegene Chile die immense Besteuerung der Salpeterindustrie als willkommenen *Casus Belli* angenommen und marschierte »zum Schutze der Unternehmer Chiles« kurzerhand in die pazifischen Küstenstädten ein. Nachdem die Weltmarktpreise für Silber nach der Abschaffung des Silberstandards für Währungsreserven eingebrochen waren, bedeutete der Krieg gegen den wehrlosen, aber an Bodenschätzen reichen Nachbarn die Rettung für Chiles kriselnde Wirtschaft. Der raschen militärischen Besetzung des bolivianischen Küstenstreifens zwischen Anden und Pazifik wusste die 2800 Mann starke Truppe der bolivianischen *Colorados* wenig entgegenzusetzen. Mehr als ein überstürzter Rückzug in die Berge war nach schnellen Niederlagen nicht möglich. Das Meer und die Region Antofagasta waren verloren.

Darum also hat Bolivien kein Meer? Die vollständige Antwort auf die Frage bleibt nicht beim traumatischen Verlust des Litoral stehen, sondern spiegelt den Trotz und Stolz der immer wieder gedemütigten Nation wider: »Weil nichts perfekt ist, nicht einmal das Paradies!« – so lautet die überraschende Auflösung, philosophische Weisheit und Extrakt des bolivianischen Überlebenswitzes.

ARMENHAUS IM ÜBERFLUSS

Bolivien ist ein Land der Gegensätze. In einem überwältigend ursprünglichen Land voller Sonne und unangetasteter Natur führt die Mehrheit der zehn Millionen Bolivianer einen rauen Kampf um die tägliche Existenz. Die Gier der Eliten daheim und beim chilenischen Nachbarn hat Bolivien zu einem Binnenland ohne Pazifikküsten gemacht. Dennoch gleicht jener Flecken Erde einem Märchenland ohne Grenzen: das weite Altiplano der Anden, 6000er-Gipfel aus Eis und Schnee wie der majestätische Illimani, die steil abfallenden, neblig dampfenden Wälder der subtropischen Yungas und die reißenden Bäche, die sich die Hänge des Höhenplateaus herab in die sattgrüne Vegetation der Amazonas-Tiefebene ergießen und dort gen Atlantik mäandern.

Eine Nation in Wohlstand müsste Bolivien sein. Alles ist im Überfluss vorhanden: fruchtbarer Boden für den Anbau Hunderter Sorten von Kartoffeln, Quinoa, Reis und Zuckerrohr, der Regenwald mit seiner unglaublichen Artenvielfalt. Drei Viertel des Landes erstrecken sich über üppiges Amazonasgebiet, dessen Flora und Fauna von Viehherden, Holzfällern, Bauern und Wilderern bedroht ist. Ein Zehntel der grünen Lunge der Erde ist bolivianisches Territorium und unkontrollierter Ausbeutung ausgeliefert. Palmölplantagen, Kautschuk- und Paranuss-Sammler, Öl- und Bergbaukonzerne – ungebremst verschwinden jährlich Hunderttausende Hektar Regenwald.

In den blühenden Tälern von Cochabamba und Tarija wachsen Orangen, Bananen und Ananas, die am Straßenrand gekauft werden können. Wasser aus Gletschern, Flüssen und Seen, in den Andengebirgen und ihren Ausläufern Gold, Silber, Diamanten, Kupfer und Zink, in den tropischen Tiefebenen Gas und Öl – mit allen erdenklichen Ressourcen hat Mutter Erde das Land im Herzen des Kontinents ausgestattet.

Trotz seiner Segnungen ist Bolivien direkt nach der einstigen französischen Zuckerkolonie Haiti das zweitärmste Land Lateinamerikas. Die Armut ist chronisch. 60 Prozent der Bevölkerung leben unter der Armutsgrenze, 2,9 Millionen Kinder, Frauen und Männer fallen in die Kategorie »extrem arm«. Das Nationaleinkommen (BIP) liegt 2009 bei 17,6 Milliarden US-Dollar, das durchschnittliche Pro-Kopf-Einkommen bei jährlich 1700 Dollar. Nirgends auf dem Kontinent ist der Reichtum so ungerecht verteilt wie hier. Nirgends klafft die Verteilung von Werten wie Einkommen, Zugang zu Bildung, Gesundheit und moderner Infrastruktur so weit auseinander.

Hinter sechs afrikanischen Staaten steht Bolivien bei der Ungleichverteilung weltweit auf dem siebten Rang. Der Umstand ist skandalös. Die reichsten zehn Prozent der Bolivianer kommen auf 17 Mal so viel Einkommen wie die ärmsten zehn Prozent. Die privilegierte Oberschicht verdient 70 Prozent von dem, was die übrige Bevölkerung zusammen zu erwirtschaften in der Lage ist.

Es sind die ungleichen Eigentumsverhältnisse, welche die Kluft zwischen Arm und Reich gezogen haben. Ein unantastbarer Machtblock von hundert *Latifundista*-Familien der Tiefland-Oligarchie sitzt auf 25 Millionen Hektar fruchtbarem Land, fünfmal so viel wie der Grund und Boden, den zwei Millionen Bauern ihr Eigen nennen können.

Das Gesicht der Armut ist indigen. Zwei Drittel der Bolivianer rechnete sich im letzten Zensus 2001 zu den Quechua, Aymara, Guaraní oder zu einer der anderen 33 genuinen Ethnien zugehörig. Es ist die Hautfarbe, die über die Chancen im Leben entscheidet. Ein Guaraní-Junge auf dem Land wird mit 70-prozentiger Wahrscheinlichkeit ein Dasein in »extremer Armut« fristen, so die unbarmherzige Statistik. Fast die Hälfte aller Indigenen leben in diesen unwürdigen Verhältnissen. Ein Drittel aller Kinder mit indigenen Eltern leidet zudem unter chronischer Unterernährung, die Kindersterblichkeit von 62 auf 1000 Geburten ist bei den Ureinwohnern doppelt so hoch wie beim Rest der Bevölkerung. Dieser Misere aus eigener Kraft zu entkommen ist schier unmöglich. Sozialer Aufstieg durch Fleiß und Ehrgeiz bleibt in Bolivien ein Märchen, das schon seit der spanischen *Conquista* jeder Realität spottet.

Millionen führen ein Leben am Rande der Existenz. In einer Gesellschaft, in der alles zur Ware geworden ist und seinen Preis hat, müssen die Menschen an der Peripherie mit weniger als einem US-Dollar am Tag haushalten. Das sind sieben Bolivianos. Davon können sieben Brötchen, eine Kopfschmerztablette oder zwei Liter Milch gekauft werden. Oft wird tagelang nur von *Té con Pan* (»Tee mit Brot«) gelebt.

Undenkbar ist für die meisten ein Arztbesuch. Wer vom Doktor empfangen werden möchte, muss eine Praxisgebühr von 20 Dollar zahlen – für Millionen Bolivianer die Hälfte ihres Monatseinkommens. Der Gang zur Apotheke treibt viele Familien in den Ruin oder zwingt zur Aufnahme eines Kredits, da die Medikamentenpreise weit über denen des Weltmarkts liegen.

Krank wird, wer hungert. Genug Bauern und Böden gäbe es, 40 Prozent der nationalen Wirtschaftsleistung wird in der Landwirtschaft erzielt. Doch statt Brot für die eigenen Leute produziert das Agrarwesen im Tiefland bevorzugt für den Export von Monokulturen wie Zucker, Bioethanol, Soja und Speiseöl. Das ist auch die Ursache dafür, dass das Land strukturell von Weizenimporten abhängig geblieben ist. Noch im Jahr 2000 mussten 80 Prozent des Bedarfs durch Ankäufe gedeckt werden.

Die Großbauern im Tiefland argumentieren, dass sich der Anbau von Nahrungsmitteln nicht rechnet, und haben teilweise recht. Nachdem die Vereinigten Staaten und Kanada mit dem Hilfsprogramm PL-480 ihre eigenen Produktionsüberschüsse über dem bolivianischen Markt ausgeschüttet haben, liegt die nationale Ernährungssicherheit am Boden.

Die direkte Folge ist Hunger. Für 2007 stufte das Internationale Forschungsinstitut für Agrar- und Ernährungspolitik (IFPRI) die Versorgungslage als »ernst« ein, Millionen müssen mit weniger als 1400 Kilokalorien am Tag auskommen. Zwar konnte seit 1990 eine leichte Reduzierung des Hungers erreicht werden, doch kämpfen noch immer eine Million Bolivianer tagtäglich gegen Schwächegefühl und Schwindel.

Vor der Not der anderen schließen die Zufriedenen die Augen. Die europäischstämmige Oberschicht in den Städten hat es sich hinter einem unverholenen Alltagsrassismus gemütlich gemacht. »Arbeitsscheu, faul und schmutzig«, so die Diffamierung, die *Indígenas* hätten ihrer selbst verschuldeten »Ignoranz« wegen ein Leben als Habenichtse verdient. Es gehört zur brutalen Realität der sozialen Gegensätze, dass bettelnde Jungen und Mädchen in zerlumpter Kleidung gleichaltrigen Schulkindern an der roten Ampel auf Zuruf Witze erzählen, damit ihnen aus abgedunkelten Wagenscheiben heraus ein Boliviano gereicht wird. Doch reicht die Erniedrigung, um in einer der vielen Hausbäckereien mit Holzöfen aus Lehm ein Stück Brot zu kaufen.

Was haben die sozialen Gegensätze mit Boliviens verlorenem Pazifik zu tun? Der Umgang mit der Frage nach dem Meer dokumentiert aufs Treffendste Trauma und Überlebensstrategie einer verarmten Gesellschaft. Aus der permanenten Not ist eine Tugend hervorgegangen. Sie heißt Optimismus und Hoffnung, um aller Widrigkeiten und Rückschläge in Vergangenheit und Gegenwart zum Trotz weiter nach vorn blicken zu können – in eine zum Greifen nahe paradiesische Zukunft. Dies ist die psychologische Verfassung einer ganzen Nation.

Manch einem Westeuropäer mag die ungebrochene Liebe zum eigenen Land als schwacher Trost erscheinen, in den Augen dieser Menschen ist ihre *Patria* ein Garten Eden auf Erden. Bolivien mit seinem vielfältigen natürlichen Reichtum bietet die ideale Projektionsfläche für den Glauben an das Eigene und das Vertrauen auf ein besseres Morgen. Es ist die Möglichkeit des Überflusses, die das bolivianische Selbstbewusstsein nährt. Die Möglichkeit, eines Tages nicht mehr der sprichwörtliche Bettler auf dem goldenen Thron zu sein, liefert Kraft und Energie und bewahrt vor dem Aufgeben.

Folglich lautet das Motto dieser gekränkten Nation: »Wir sind noch wer, *wir* lassen uns nicht unterkriegen, komme da, was wolle!« Die letzten Worte von Eduardo Avaroa, dem »Helden des Pazifikkrieges«, sind beispielhaft für diese trotzige Geisteshaltung. Als bei der aussichtslosen Verteidigung der Ortschaft Calama am umkämpften Río Loa die chilenische Übermacht ein ehrenhaftes »Geben Sie auf!« in den gegnerischen Schützengraben rief, schrieb sich der Silberminenbesitzer aus der Hafenstadt Antofagasta für immer in die nationalen Geschichtsbücher ein. Seine Antwort: »Ich und aufgeben? Deine Oma soll aufgeben, *Carajo*!«

Es sind solche Anekdoten und Erzählungen, die die historischen Traumata erträglich machen. Die eigene Rückständigkeit schmerzt. Auf dem verlorenen Küstenstreifen zwischen Pazifik und Anden erstreckt sich die Wüste Atacama, dem dort später gefundenen Kupfer verdankt Chile seinen Aufstieg zu einer der leistungsfähigsten Volkswirtschaften südlich des Río Grande. Auch weißes Gold des 21. Jahrhunderts, Lithium, birgt der Boden im einstigen Litoral, was den »Erzfeind« im Wettlauf um den Weltmarkt zu Boliviens ärgstem Konkurrenten macht.

Diese Wunden sind nie richtig verheilt. Und so pflegt das kollektive Bewusstsein sein Lieblingstrauma vom verlorenen Ozean als Nationaltrauertag jedes Jahr am 23. März. Keiner geht am »Tag des Meeres« arbeiten, die Kinder lassen ihre Schuluniformen im Schrank. Vom Titicacasee her ziehen Marineeinheiten in die Hauptstadt, in weißer Admiralsuniform und blauem Matrosenanzug halten die *Marineros* ohne Meer auf der Plaza Avaroa ihre skurrile Parade ab, mit schriller Marschmusik und wackligem Stechschritt am Präsidenten vorbei. Am *Día del Mar* wird gelacht und geweint, eine Gesellschaft am Existenzminimum feiert sich selbst.

Die längst zum Mythos gereifte Meeresgeschichte ist symptomatisch. Vor dem Marinestützpunkt Titicaca zeigt ein Denkmal einen Soldaten, wie er seinem chilenischen Gegenüber das Bajonett in den Hals rammt, unten eine Plakette: »Was uns einmal gehörte, wird uns wieder gehören«, und: »Haltet euch fest, Lumpen, hier kommen die *Colorados* aus Bolivien.«

»VATERLAND ODER TOD!«

Zwar ist zwischen den Nachbarländern ein Prozess der Aussöhnung und Annäherung in Gang gekommen, die Stadt Arica etwa wird von Bolivien als Freihafen genutzt. Diplomaten arbeiten an einer Lösung des historischen Konflikts, der je nach politischer Lage hüben wie drüben neuen Zündstoff erhält. So hallt regelmäßig ein nationalistisch-revanchistischer Ruf durch das Land, in dem Moderne und Tradition wie kaum sonst wo in der Neuen Welt nebeneinander bestehen. »Meer für Bolivien!«, kein bolivianischer Politiker darf sich den Fehler erlauben, der Forderung nach Rückübertragung der Küste zu wenig Aufmerksamkeit zu schenken.

Nationalismus hat in Bolivien, das durch Rohstoffkonflikte im Laufe seiner Geschichte die Hälfte seines Staatsgebiets verlor, zuallererst Selbstverteidigungscharakter. Der 2010 von der Linksregierung eingeführte Schlachtruf der Streitkräfte »Vaterland oder Tod, wir werden siegen!«, der von Kubas Freiheitskampf inspiriert ist, muss als Abwehrreflex gegen weitere Ausbeutung von außen verstanden werden, lautete doch das alte Motto der Armee »Unterordnung und Standhaftigkeit«.

»Lateinamerika steht im Dienste fremder Interessen«, konstatiert Eduardo Galeano in seinem Buch *Die offenen Adern Lateinamerikas,* das die subtilen Zusammenhänge der 500-jährigen Kolonialgeschichte des geschundenen Kontinents auf exzellente Weise freilegt.

Auf dem südamerikanischen Paradies lastet der »Rohstoff-Fluch«. Seit Ankunft der spanischen Konquistadoren hält das vielbeschriebene Phänomen der Ausbeutung das ausgeblutete Exportland fest im Griff. Nur auf den ersten Blick erstaunt es, dass in Bolivien trotz des ungeheuren natürlichen Reichtums nie ein hohes Wirtschaftswachstum stattfand. Der Aufbau einer breiten Industrie und Produktpalette, volkswirtschaftliche Grundvoraussetzung für dauerhafte wirtschaftliche Entwicklung, blieb schlicht aus. Über 50 Prozent von Boliviens Exporteinnahmen sind an den Verkauf von nur vier Rohstoffen gebunden: Gas, Zink, Gold und Soja.

An einer die Rohstoffe weiterverarbeitenden, wertsteigernden Infrastruktur bestand seitens der Zentren der Weltwirtschaft nicht nur kein Interesse, vielmehr wurde die Industrialisierung des Rohstofflieferanten stets gezielt hintertrieben. Das Nachsehen hat die große Masse der Bevölkerung, deren Arbeitskraft für nichts oder einen Hungerlohn ausgebeutet wird. »Dieser Exportprozess, mit Preisen, die sich an die fluktuierenden Bedürfnisse des Weltmarktes anpassen, hat einen perversen Kreislauf konstruiert: Für die Mehrheit der Bevölkerung bleibt nichts übrig, um Arbeitsplätze und Einkommen zu schaffen, und die Armut bleibt weiter bestehen«, beschreibt der bolivianische Ökonom Carlos Villegas die paradoxe Tatsache von der Armut im Reichtum.

ZUM EXPORT VERDAMMT

Seit Jahrhunderten werden Boliviens Bodenschätze und natürliche Ressourcen vielerorts industrialisiert - nur nicht in Bolivien. Aus Zink und Eisen wurden in La Paz oder Potosí niemals Konservendosen oder Maschinen hergestellt. Tropenholz wird in Miami zu wertvollen Möbeln verarbeitet, Soja in Deutschland zu Biodiesel. Mais und Zucker verwandeln sich in Industriealkohol, um im ökologisch bewussten Westen mit Diesel gemischt einen umweltfreundlichen Personenverkehr zu ermöglichen. Der Anbau von Quinoa in großem Maßstab wurde von Vorgängerregierungen bisher nicht ernsthaft gefördert, obwohl in Bolivien selbst und im Ausland ein enormer Bedarf an dem nährstoffreichen »Weizen der Inka« besteht. Kakao, Kaffee, Tee, Weintrauben, Baumwolle, Amaranth, das Potenzial der einheimischen Agrarprodukte liegt brach. Zu wenig förderte der Staat diese organische Produktpalette, mit der unzählige Kleinbauern und ihre Familien ihr Auskommen sichern könnten.

Stattdessen wurde das Land zum Ausverkauf nicht erneuerbarer Rohstoffe angetrieben. Arbeitsintensive Produktionsschritte verbleiben in den industriellen Zentren Tausende Seemeilen entfernt, wo qualifizierte Arbeiter hochwertige Erzeugnisse herstellen. Bolivien zahlt dafür einen doppelt hohen Preis. Wer nicht zu Hause kocht, der muss seinen Hunger auswärts stillen. Autos, Motoren, medizinisches Gerät, Flugzeuge, Dünger, Diesel und Benzin werden teuer angeschafft, sogar Flüssiggas muss reimportiert werden. Dem Staat mit den zweitgrößten Erdgasreserven des Kontinents bleibt nichts anderes übrig, als das eigene Gas mit Verlust wieder einzukaufen, weil es keine Raffinerien zur Veredelung besitzt.

Die Thesen des Briten Adam Smith, dem geistigen Urvater des Freihandels, haben sich angesichts dieser unvorteilhaften *Terms of Trade* für Bolivien als unbrauchbar erwiesen. Die Theorie vom freien Welthandel unter vermeintlich Gleichen, die den teilnehmenden Nationen ein Höchstmaß an Wohlstand verspricht, hat sich aus bolivianischer Perspektive als eine Mär seiner Profiteure entpuppt.

Seit Kolonialzeiten mangelte es Boliviens herrschender Klasse chronisch an Nationalbewusstsein, einer dem »Wohle der Nation« verpflichteten Vision. Staat und Wirtschaft waren durch die Konzentration der Macht auf eine kleine Elite nicht auseinanderzuhalten. Während die Oberschicht den Marktkräften durch Korruption und Vetternwirtschaft die Handschellen anlegte, schöpfte sie in aller Ruhe Boom für Boom ihre Rente aus den Rohstoffexporten ab.

Carlos Montenegro, Chefideologe der Revolution von 1952, schimpft seine Heimat in der epochemachenden Schrift *Nationalismus und Kolonialismus* darum wütend eine »Anti-Nation«. Schon 1943 hatte der Mitbegründer der Nationalen Revolutionären Bewegung (MNR) erkannt, dass es Oligarchen wie die Zinnbarone Simón Patiño, Moritz Hochschild und Carlos Victor Aramayo waren, die das Land ausbluten ließen. Die Nachfrage nach Kanonen und Granaten für die Kriege in Europa hatte sie zu den reichsten Männern der Welt gemacht. Ihr Zinnmonopol hatte sie zur Avantgarde der bolivianischen »Anti-Nation« werden lassen. Als »Agent der kolonialen Übermacht«, schreibt Montenegro, sei die egoistische Bourgeoisie verantwortlich für den »Rückschritt der Moderne in Kolonialzeiten« mit dem »politischen Ziel der Zersetzung und Auslöschung der Nationalität«.

Der indigen-europäisch gemischten Kultur brachte die eigene Elite nichts als Abneigung entgegen. Der »Rohstoff-Fluch« hemmte nicht nur die wirtschaftliche Entwicklung, sondern vergiftete auch das gesellschaftlich-kulturelle Klima.

ELITE DES ROHSTOFF-FLUCHES

Unzählige zeitgenössische Studien zur Rohstoffproblematik untermauern die These, dass der Reichtum an Bodenschätzen oftmals Schaden für ein Land bedeutet. Der arme Süden mit einem hohen Anteil am Rohstoffexport verzeichnet in seiner Mehrheit ein niedrigeres Wirtschaftswachstum als Länder ohne große Rohstoffreserven.

Zudem hemmt Rentenmentalität eine echte Entwicklung. Ist der eigene Familienclan nicht selbst direkt am Geschäft beteiligt - die »oberen Zehntausend« sind in Bolivien wörtlich zu nehmen -, werden die Erlöse durch Zölle und Sondersteuern abgeschöpft. Korruption und Klientelpolitik lassen diese Gelder in die eigenen Taschen statt in die Kasse des umverteilenden Staates fließen. Gern wird Brüdern oder Cousins mit Subventionen zur Gründung von Minenunternehmen unter die Arme gegriffen. Abgabenerleichterungen oder staatliche Kreditvergaben arrangiert die Machtclique ohne schlechtes Gewissen. Mit Hilfe eines Verwandten oder gekauften Politikers im Regierungspalast konnte in den letzten Jahrzehnten Monopol um Monopol entstehen, konkurrenzlos wurden Löhne, Preise und Qualität willkürlich bestimmt. Der »freie Markt« mit seinen

»freien« Marktteilnehmern zum Wohle der Allgemeinheit – in Bolivien ist diese Annahme blanker Hohn.

Hinzu kommt die in Rohstoffexportländern gefürchtete holländische Krankheit. Die auf Export getrimmte Rohstoffindustrie dehnt sich in Zeiten des Aufschwungs auf Kosten der Landwirtschaft und Industrie aus, zudem werden qualifizierte Arbeitskräfte und Kapital aus anderen Wirtschaftszweigen abgezogen. Auch bedrohen die hohen Exporterlöse permanent die eigene Währung, welche durch Aufwertung andere Exportbereiche auf dem Weltmarkt weniger wettbewerbsfähig macht und eine krisensichere Ausdifferenzierung der Wirtschaftssektoren verhindert. In Manufakturen hergestellte Pullover finden wegen des teuren Geldes keine Abnehmer mehr, die zuvor profitablen Unternehmen müssen schließen, die Menschen landen auf der Straße.

Jeder Rohstoffboom geht einmal zu Ende. Dann bricht über Nacht das auf dem Papier vermeintliche Wirtschaftswachstum ein, und der von der holländischen Krankheit befallene Patient kollabiert. Gerade für eine kleine Volkswirtschaft wie Bolivien scheint ein Befreien aus dieser strukturellen Abhängigkeit eine Herkulesaufgabe.

Doch ist der Weg aus der Falle des leichten Reichtums natürlich möglich. Norwegische Forscher untersuchten das Phänomen der entwicklungshemmenden Wirkung von großen Rohstoffvorkommen ausgiebig, denn als Erdölexporteur hat das OPEC-Mitglied beste Erfahrungen mit den Gefahren des schnellen Geldes. Ragnar Torvik von der Universität Oslo bringt die Ergebnisse auf den Punkt: »Der Rohstoff-Fluch gilt nur für Länder mit schwachen Institutionen.« Verlässlichkeit des Rechtsstaates oder die Stärkung der Wettbewerbshüter, also Kontrolle durch die Allgemeinheit über das Handeln der Mächtigen, entscheiden darüber, ob Rohstoffreichtum einen vorteilhaften oder negativen Einfluss auf ein Land ausübt.

Ist in Bolivien die Zeit gekommen, um das Ruder herumzureißen? Konzepte für einen Kurswechsel liegen in den Schubladen bolivianischer Ökonomen schon lange parat. »Wir träumen von einer Wirtschaft, die nicht allein von 600 Exportfirmen angetrieben wird. Nicht von 6000 oder 50 000 Gütern und Dienstleistungslieferanten in einem produzierenden Gewerbe, sondern von einer halben Million«, setzt Ökonom George Gray Molina auf eine Wirtschaft jenseits eines ausschließlichen Rohstoffexports.

Unabdingbar für die Stärkung des Binnenmarktes und die Diversifizierung der Ökonomie sei ohne Zweifel die »Geburt einer volksnahen und produktiven Mittelklasse«. Die historische »Rentenmentalität« der Oberschicht sei für die »byzantinische Stratifizierung der Gesellschaft« verantwortlich. Molinas Bericht für die Vereinten Nationen zur wirtschaftlichen Zukunft des Andenlandes schließt mit der Forderung nach mehr Steuerung durch den Volkssouverän, demokratisch legitimierter Kontrolle der Gier und schamlosen Ausbeutung: »Wir glauben daran, dass dem bolivianischen Staat eine wichtige Rolle zufällt.«

Der Ruf nach Regulierung erlebte zur Jahrtausendwende in den meisten Ländern Lateinamerikas eine Renaissance, durch Venezuela, Brasilien, Argentinien und Bolivien ging ein deutlicher Linksruck. In Bolivien hatten 15 Jahre *Washington Consensus* die Verelendung ganzer Landstriche und Stadtteile zur Folge. Die Menschen gingen auf die Barrikaden, die Mächtigen hatten den Bogen überspannt, neu formierte soziale Bewegungen erschütterten die aus den Fugen geratene Gesellschaft ab der Jahrtausendwende in ihren Grundfesten.

Die marktradikalen Programme, die am wehrlosen Andenland gleich einem Experimentierfeld erprobt worden waren, hatten die Wirkung eines sozialen Sprengstoffs entfaltet. Die Ideen des neoliberalen Kapitalismus sollten im verfluchten Paradies auf einen Gegner treffen, den alle unterschätzt hatten.

5. REBELLION IN DEN TROPEN

»Die bolivianische Erfahrung mündet in die brennendste Frage über die Revolution. Die Bolivianer haben die ihre gemacht und ihr Instrument war die MNR. Der Kommentar, ein anderer Typ Revolution wäre möglich gewesen, ist kindisch, Geschichte ist kein Wunschkonzert. Die traditionelle Linke war unfähig ihre Unzulänglichkeiten zu überwinden. Durch das Verspielen der einzigen Gelegenheit, die ihr die Geschichte zum Sieg über die eigene Entfremdung geboten hat, ist sie vom Weg abgekommen.«

Sergio Almaraz, Kritik an der politischen Linken 17 Jahre nach der Revolution von 1952

Wie ein aufgescheuchter Haufen Blattschneideameisen suchen Männer, Frauen und Kinder Schutz vor dem Kugelhagel, der im Morgengrauen des 27. Juni 1988 über der subtropischen Erde im Chapare niedergeht. Villa Tunari ist heiß, grün und schwül, einer der niederschlagreichsten Orte ganz Südamerikas. Am Tag des Massakers ist es ein Regen aus Stahl, der sich über die überraschten Bewohner des Städtchens ergießt. Dumpfe Schüsse peitschen über die Dächer und durch die Gassen. Der Lärm von Helikopterrotoren dröhnt in den Ohren, Menschen rennen um ihr Leben.

In sicherer Entfernung stehen Kampfhubschrauber vom Typ Huey am nebligen Morgenhimmel und feuern ihre schweren MGs ab. Im Cockpit sitzen *Los Diablos Rojos*, bolivianische Piloten, ausgebildet von Veteranen der Air Force an denselben Hubschraubern, mit denen die US Army wenige Jahre zuvor in Vietnam ganze Dörfer ausgelöscht hatte. »Wenn wir Lateinamerika nicht kontrollieren, wie können wir dann die ganze Welt dominieren?», hatte Ende der siebziger Jahre US-Außenminister Henry Kissinger gesagt und damit angedeutet, welche strategische Rolle der Kontinent seit jeher für die Vereinigten Staaten spielt.

An diesem Tag trifft das Imperium Bolivien. Das Dorf an der Ost-West-Route Nr. 4 gerät in Panik. Der Angriff aus der Luft ist erst der Anfang eines blutigen Tages. *Leopardes* rücken am Boden vor. Bis an die Zähne sind die Kämpfer der UMOPAR bewaffnet, ihr Name steht für Brutalität und Rücksichtslosigkeit. Für die Kokapflanzer und Bauern gibt es kein Entrinnen, ihre Verstecke im Dickicht des Dschungels sind schnell aufgespürt. Haus für Haus, Straße für Straße werden durchkämmt, mit Präzision geht die Eliteeinheit der bolivianischen Polizei zu Werke.

Das Pentagon hatte die Truppe für seinen Antidrogenkrieg aufgestellt, half mit Geld, Waffen, Ausrüstung und Training. Anfang der achtziger Jahre hatte Washington damit begonnen, seinen *War on Drugs* auch nach Bolivien zu tragen, Kokaanbau und Kokainproduktion war der Krieg erklärt worden. Die fruchtbaren Täler des Trópico de Cochabamba und die Yungas, die Nebelwälder von La Paz, hatte die fremde Macht zum Schlachtfeld erklärt, im ganzen Land errichtete die US-Armee Trainingscamps, Militärstützpunkte und Radarstationen.

Schnell hatte der »Krieg niedriger Intensität« seine eigene Logik entwickelt. Die UMOPAR-Männer in den Camouflage-Kampfanzügen verdingten sich als Söldner der US-Drogenbekämpfungsbehörde DEA und erledigten Kampfaufträge des Southern Command, dem Kommando der US-Armee für Südamerika. Der Einfluss der US-Militärs war gewaltig. Jeder Hubschrauberflug musste bei den *Gringos* in der US-Botschaft angemeldet werden, einer Betonburg mit hohen Mauern und Wachtürmen mitten in La Paz.

Boliviens Regierung hatte dem »großen Bruder aus dem Norden« einen Persilschein auf eigenem Territorium ausgestellt, die Antidrogenkräfte waren der Kontrolle von Parlament und Gerichten völlig entzogen. Vier Jahre zuvor hatten UMOPAR-

Truppen den Präsidenten Hernán Siles Zuazo entführt, nur knapp scheiterte der Putsch der Obristen gegen den Linkspolitiker.

Am 27. Juni 1988 erfüllten die Soldaten ihren Auftrag ohne Fehl und Tadel. Am Abend lagen die blutigen Körper einer Handvoll Bauern, Frauen und Kinder reglos auf dem Boden, der einst ihr Überleben gesichert hatte. Den meisten Erschossenen steckten die Projektile in Kopf oder Herz, aus nächster Nähe hatte man auf sie geschossen. Die Wunden der Überlebenden sitzen tief. Körperlich und seelisch gezeichnet, berichten sie über das Massaker von Tunari. Zu Dutzenden seien die Schwerverletzten damals in die Hospitäler der *Departamento*-Hauptstadt Cochabamba eingeliefert worden, 160 Kilometer südwestlich des Tatorts. Für manche wurde der zweistündige Weg zu lang, zu viel Zeit kosteten Straßensperren und Durchsuchungen. Die Operation im Regenwald hinterließ ein weinendes Villa Tunari. Zwölf Menschenleben hatten ihr gewaltsames Ende gefunden.

»WIRTSCHAFT OHNE STAAT«

Dabei hatte sich Bolivien gerade aus den Klauen der Generäle befreit. Erst 1982 hatte das Land nach 20 Jahren bleierner Militärdiktaturen zur Demokratie zurückgefunden. Die blutigen Ereignisse von Villa Tunari fielen in die vierte Regierungszeit von Víctor Paz Estenssoro, wegen seiner äffischen Gesichtszüge auch »El Mono« genannt. 1985 hatte der Mann mit den weißen Haaren und der großen Brille den Palacio Quemado wiedererobert.

Die zweiten Wahlen nach der Rückkehr zur Demokratie hatten in Bolivien eine Zeitenwende eingeläutet, der neue Präsident sollte das ganze Land nach bis dahin völlig unbekannten Politrezepten umkrempeln. Deregulierung und Privatisierung waren die ökonomischen Zauberformeln der kommenden 20

Jahre. Alte Wahrheiten galten unter Paz Estenssoro nicht mehr. Wie überall in Lateinamerika war man seit dem Zweiten Weltkrieg auch in Bolivien einem Entwicklungsmodell gefolgt, das dem Staat eine maßgebliche Rolle in der Wirtschaftslenkung zusprach. Die UN-Wirtschaftskommission für Lateinamerika und die Karibik (CEPAL) hatte den Ländern des Südens eine Diversifizierung ihrer exportabhängigen Ökonomien empfohlen. Die unproduktiven Latifundien der Oligarchien sollten mit Agrarreformen zerschlagen, ein starker Binnenmarkt und eine eigene Industrie aufgebaut werden. Diese Strategie der importsubstituierenden Industrialisierung (ISI) setzte auf Protektionismus durch hohe Einfuhrzölle, während öffentliche Investitionen und Steuererleichterungen für die heimische Produktion die teuren Importe aus dem Ausland zurückdrängen sollten. Die regulativen Maßnahmen dieses Staatskapitalismus setzten auf ausgleichende Umverteilung der im eigenen Land erwirtschafteten Werte, statt auf Konzentration des Reichtums. Dadurch sollte die Abhängigkeit Boliviens vom Weltmarkt, seine Funktion als billiger Rohstofflieferant der Industriestaaten ein für alle Mal aufgehoben werden.

Doch Paz Enstenssoro hatte anderes vor. Bei den Stichwahlen 1985 hatte der Polit-Dinosaurier wieder einmal sein strategisches Überlebenstalent unter Beweis gestellt. Unmittelbar nach seinem Einzug in den Präsidentenpalast war der Berufspolitiker auf das neue Programm des Weißen Hauses eingeschwenkt. Ronald Reagan und Margaret Thatcher hatten den Neoliberalismus gerade erst zum globalen Erfolgspatent erklärt. Auch in Südamerika wurde *»There is no alternative«* zur einzig tragbaren Mode ausgerufen, der neoliberale Wirtschaftskurs als ökonomisches Schnittmuster hatte seinen unaufhaltsamen Vormarsch angetreten.

1985 war Bolivien an der Reihe. Das Modell »Wirtschaft ohne Staat« sollte dem alten ISI-System übergestülpt werden. Unterstützung für den reibungslosen Umbau zur radikalen Marktwirtschaft wurde aus den Vereinigten Staaten geschickt. Präsident Paz Estenssoro bekam den jungen Jeffrey Sachs als Spiritus Rector an die Seite gestellt. Der Harvard-Professor und spätere Berater von Weltbank, Internationalem Währungsfonds und Welthandelsorganisation (WTO) war gerade mal 30 Jahre alt, als er zum wichtigsten Wirtschaftsberater einer ganzen Nation wurde, die der wirtschaftspolitische Kettenhund bis zu seiner Ankunft am Aeropuerto Internacional El Alto allein aus Büchern und Universitätsseminaren kannte.

Den Weg für den Paradigmenwechsel eröffnete der weltweite Zinncrash. Die für Bolivien schwerste Exportkrise des Jahrhunderts erschütterte das Fundament aus Staatseinnahmen und Wirtschaft in seinen Grundfesten. Gut ein Jahr nach dem Amtsantritt von »El Mono« rauschten die internationalen Zinnpreise durch eine geplatzte Spekulationsblase so tief in den Keller wie nie. Im Oktober 1985 hatte der Internationale Zinnrat, in dem sich 32 Länder zwecks Preisabsprache zu einem Zinntrust zusammengeschlossen hatten, Konkurs anmelden müssen. Fast ein halbes Jahr lang konnte an der Rohstoffbörse in London kein Zinn gehandelt werden, Boliviens Wirtschaft stand vor dem Bankrott. Der Weltmarkt für die überlebensnotwendigen Zinnexporte war paralysiert, wieder einmal war Bolivien seiner totalen Abhängigkeit zum Opfer gefallen.

Paz Estenssoro wusste diese Krise instinktsicher auszunutzen. Über Nacht wurde das staatliche Minenunternehmen COMIBOL teilprivatisiert. 23 000 von 30 000 Minenarbeitern waren von einem Tag auf den anderen ohne Arbeit. Keynesscher Staatsinterventionismus zur Überbrückung von Wirtschaftskrisen galt den neoliberalen Vordenkern als überholter Ballast, vermeintlich entpolitisiertes Expertentum war jetzt gefragt. Dementsprechend bürdete Paz Estenssoro die Kosten der Rezession voll und ganz der eigenen Bevölkerung auf. Die Schufterei in den Stollen sei nach dem Zinncrash nicht mehr rentabel, auf einen erneuten Preisaufschwung könne die Regierung nicht warten, erklärte er den geschockten Bolivianern den »unabänderlichen« Sachzwang.

»Der Staat antwortete auf die Zinnkrise wie ein Fremder, der in einer anderen Sprache spricht«, resümiert der aktuelle Vizepräsident Boliviens, Álvaro García Linera, über die radikale politische Neuordnung unter dem neuen alten Präsidenten. Der interne Pakt, der 1952 - während der ersten Amtszeit Paz Estenssoros - zwischen der Arbeiterbewegung und dem Nationalstaat geschlossen worden war und bis zu diesem Zeitpunkt bestanden hatte, wurde nun aufgekündigt. Damit wurde die Macht den Geschäftemachern im Land übergeben. »Der Staat, der jetzt gesprochen hat, ist der unpersönliche Businessman, der sein Geld zählt, während er die Minen mit einem Vorhängeschloss verriegelt«, beschreibt Linera den historischen Moment.

Schon ein Jahr zuvor befand sich die Wirtschaft in einem dramatisch schlechten Zustand. Mit Schubkarren voller Banknoten kauften die Menschen alles ein, dessen sie habhaft wurden, das Land drohte an einer Mega-Inflation von 26 000 Prozent zugrunde zu gehen. »Wir sind alle Millionäre«, wurde beim Einkauf verbittert gescherzt.

Den Menschen war nur Galgenhumor geblieben. Die autoritären Militärdiktaturen von 1964 bis 1982 mit ihren Versprechungen von Sicherheit und Wohlstand hatten der jungen Demokratie ein ruinöses Erbe hinterlassen. General Hugo Banzer, Nachkomme eingewanderter Deutscher aus dem Tiefland von Santa Cruz, kommt das zweifelhafte Verdienst zu, wie kein anderer der rechten Diktatoren Bolivien an den Rand des wirtschaftlichen Zusammenbruchs manövriert zu haben. Von 1971 bis 1978 hatte er über 20 000 Andersdenkende ins Exil getrieben sowie Oppositionelle aus Hubschraubern werfen und in Geheimgefängnissen verschwinden lassen. Überdies hatte der Rechtsaußen internationale Millionenkredite in den Taschen politischer Freunde versenkt, so dass sich die bolivianische Auslandsschuld auf 1,8 Milliarden US-Dollar verdreifachte.

Ohne parlamentarische Kontrolle wurde seine Militärjunta ein Hort der Korruption und persönlichen Bereicherung. Mit

Helm und Stiefeln zwang General Banzer nicht nur Demokratie und Volk in die Knie, der Regent in Uniform verschenkte zudem Millionen Hektar Grund und Boden aus Staatsbesitz sowie die Staatseinnahmen aus dem Ölgeschäft an seine Günstlinge im Tiefland. Der Nachwelt hinterließ er neben einer zugrunde gerichteten Wirtschaft und einem terrorisierten, eingeschüchterten Volk auch eine kleine Gruppe von Großgrundbesitzern, die durch ihre Latifundien wie zu Kolonialzeiten zu mächtigen Lokalfürsten aufgestiegen waren.

Nacheinander machten sich alle Putschisten der Militärdiktaturen aus dem Staub. Freiwilliges Exil, eilig dekretierte Amnestiegesetze und Stillschweigen seitens der Bevölkerung aus Angst vor Rache sicherten ihnen bis weit in die neunziger Jahre volle Straffreiheit. General Banzer selbst konnte bis zu seinem Tod nie vor Gericht gestellt werden.

DER REICHTUM DES PRÄSIDENTEN

Wie so oft, wenn die Rechte den Karren an die Wand gefahren hat, ist es die Linke, die ans Ruder kommt. Bei den ersten erfolgreichen demokratischen Wahlen nach der Militärzeit 1982 kam ein Linksbündnis an die Regierung. Die Demokratische Volksunion (UDP) saß auf einem Scherbenhaufen. Mehr schlecht als recht arbeiteten Sozialdemokraten, Sozialisten und Kommunisten unter Präsident Hernán Siles Zuazo in ihrem bunten Parteienbündnis zusammen. Ein Rezept zur Rettung der Ökonomie aber fanden sie nicht, sie verwalteten lediglich die widrigen Hinterlassenschaften der Militärregimes. Angesichts dieser Hilflosigkeit hatte die UDP ihren Anfangsbonus verspielt, unaufhaltsam rauschte ihre Glaubwürdigkeit in den Keller.

Wo es Verlierer gibt, gibt es auch Gewinner. Paz Estenssoro nutzte die miserable Lage für seine Machtambitionen und stieß wie schon 1952, 1962 und 1964 die Tür zum Präsidentenbüro auf. Bei den Wahlen 1985 konnte »El Mono« die Mehrheit nur deshalb auf sich vereinen, weil alle Kräfte links der alten Rechten einschließlich der UDP darauf sannen, einen Wahlsieg von Ex-Diktator Banzer zu verhindern. Der Obrist setzte auf das kurze Gedächtnis der Wähler und präsentierte sich erneut als Garant für Stabilität, diesmal jedoch im demokratischen Gewand des Geläuterten.

Doch alles kam anders. Nachdem der Kongress mit den Stimmen des Anti-Banzer-Bündnisses Paz Estenssoro zum Präsidenten gewählt hatte, zeigte dieser sein wahres Gesicht. Alle Absprachen mit den Parteien in den Wind schlagend, machte der promovierte Jurist mit dem Ex-Diktator gemeinsame Sache. Mit der Banzer-Partei Nationale Demokratische Aktion (ADN) schloss der passionierte Pfeifenraucher den »Pakt für die Demokratie«. 70 Prozent der Parlamentsmehrheit waren den »Reformern« nun sicher.

Mit Banzer als Partner, dessen Diktatur Washington als »Bollwerk gegen den Kommunismus« in altbekannter Manier unter die Arme gegriffen hatte, konnte sich Paz Estenssoro der Unterstützung der USA sicher sein. Der Öffentlichkeit, die in Zeiten der Krise mit dem puren Überleben beschäftigt war, präsentierte sich »El Mono« als Routinier und Sanierer. Der Salto in der Wirtschaftspolitik, jene Abkehr vom Staatskapitalismus der vergangenen Dekaden, würde mit ihm schnell und schmerzlos verlaufen, so der Vater der Nation. Alle Parteipolitik und ideologischen Überzeugungen beförderte der Mitbegründer der Nationalen Revolutionären Bewegung in den Mülleimer der Geschichte, als entpolitisierter Technokrat wischte er sämtliche Warnungen vor den sozialen und politischen Risiken der Wirtschaftsreformen als unsinnigen Ballast einer fehlgeleiteten Vergangenheit vom Tisch.

Das politische Personal, auf das der viermalige Staatschef zurückgriff, sollte den Stil der kommenden Jahre prägen. Gonzalo Sánchez de Lozada hatte gerade seinen Durchbruch auf der Politbühne geschafft. Die künftigen Geschicke Boliviens würde der Minenbesitzer entscheidend mitbestimmen. Zweimal sollte »Goni« Staatspräsident werden und die von den Bolivianern mühsam aufgebauten strategischen Industrien und Staatsbetriebe dem Zugriff ausländischer Multis aus aller Welt ausliefern.

Dank dicker Wahlkampfspenden war der Sohn eines Diplomaten, der in den USA aufgewachsen war, die Politleiter unaufhaltsam emporgeklettert. In Cochabamba hatte der Millionär die Wahlkampfkampagne der Regierungspartei aus eigener Tasche bezahlt. Im Gegenzug erhielt der politische Debütant einen sicheren Listenplatz. Im Kabinett Paz Estenssoros beanspruchte »El Gringo«, wie ihn seine Gegner wegen seines texanischen Akzents nannten, schon damals eine Schlüsselfunktion. Als Planungsminister für Wirtschaftsfragen verabreichte er dem Inflationspatienten Bolivien eine »Gesundungskur«, die sich gewaschen hatte.

Unter Sánchez de Lozada wurde die COMIBOL Mitte der neunziger Jahre eine Zeit lang ganz stillgelegt. Er und seine Interessengemeinschaft der Minenbesitzer konnten nun fleißig Geldscheine zählen. Die in den fünfziger und sechziger Jahren wichtigste Bergbaufirma Lateinamerikas war für den Chef des privaten Minenunternehmens COMSUR der größte Konkurrent gewesen. Die in der einflussreichen Nationalen Vereinigung mittlerer Minenunternehmer (ANMM) zusammengeschlossenen Wirtschaftsbosse hatten »als einziges Ziel die Liquidierung von COMIBOL vor Augen, die sie als Hindernis für ihre eigene Entwicklung und Expansion betrachteten«, schreibt der Journalist Andres Solíz Rada in seiner Abrechnung »Der Reichtum des Präsidenten« über Sánchez de Lozadas Verfilzungen in Politik und Wirtschaft. Diese Verquickung von Macht und Reichtum hatte den Aufstieg von »Goni« überhaupt erst möglich gemacht, eine für Bolivien symptomatische Karriere.

Noch aber war sein politischer Ziehvater an der Reihe. Ohne mit der Wimper zu zucken, war Paz Estenssoro ins Lager der Privatisierer und Deregulierer übergewechselt. Die Bekämpfung der Geldentwertung, die Öffnung hin zum Weltmarkt und die Bedienung der Auslandsschuld, die 1984 kurz unterbrochen worden war, erklärte seine Regierung zum obersten Staatsziel. Wenig störte an dieser Imageverjüngungskur die politische Vergangenheit, in der Paz Estenssoro nach der Revolution von 1952 zusammen mit seinem Vizepräsidenten Hernán Siles Zuazo die Zinnminen und Erdölfirmen nationalisiert hatte und 80 Prozent der Einnahmen in staatlicher Hand behielt. Das allgemeine Wahlrecht war eingeführt worden, und eine ambitionierte Agrarreform zur Zerschlagung der Latifundien wurde angestoßen. Analphabeten und Frauen war endlich das Wahlrecht zugestanden worden, und die Bildungsreform machte den Schulbesuch für alle Bolivianer zur Pflicht.

Aber schon 1952 war der Berufspolitiker Paz Estenssoro ein Mann der »freien Welt« unter Ägide der USA, die die gemäßigten Revolutionsführer in La Paz aus Angst vor einem zweiten Kuba mit Unsummen von Entwicklungshilfegeldern an der Macht hielten. Nach Israel war Bolivien zum zweitgrößten Pro-Kopf-Empfänger US-amerikanischer Finanzhilfe geworden. Die antikommunistische Eisenhower-Administration hatte sich durch die Finanzspritze den Einfluss auf die MNR-Regierung gesichert, die in ihrer wirtschaftlichen Abhängigkeit plötzlich auf ihre Anti-USA-Rhetorik verzichtete und stattdessen die radikalen Revolutionskräfte von der staatlichen Macht fernhielt.

OPERATION MIT NEBENWIRKUNGEN

Der Übergang zur schrankenlosen Marktwirtschaft passierte Schlag auf Schlag. Synonym für den neuen Neoliberalismus wurde das *Decreto Supremo 21 060*. Im August 1985 am Kongress vorbei erlassen, legte das als Modernisierungsmaßnahme verkaufte berüchtigte Dekret das juristische Fundament für den Ausverkauf Boliviens. Die bis heute verhasste Norm hatte den Startschuss für den Beginn der »Neuen Wirtschaftspolitik«

(NEP) des »Pakts für die Demokratie« mit General Banzer gegeben.

Über Nacht hing der nationale Boliviano direkt vom Dollarpreis ab, der Staat verzichtete auf die alten Wechselkurskorrekturen zum Schutze einheimischer Produkte und Preise. Aller Einfuhrbeschränkungen entledigt, überschwemmten fortan konkurrenzlos billige Importwaren Markthallen und *Supermercados*. Die zuvor subventionierten Lebensmittelpreise waren dem Diktat von Angebot und Nachfrage überlassen worden. Zeitgleich waren die Bolivianer von einem massiven Sparprogramm der Regierung betroffen. Staatshilfen für Konsumenten und Bauern fielen weg, die Sozialausgaben im Bereich Gesundheit, Bildung und Erziehung wurden weggekürzt. Was damals kaum jemand ahnte: Das als Notoperation des Inflationspatienten etikettierte Maßnahmenpaket war nur ein Vorgriff auf die in den Neunzigern folgende massive Privatisierungswelle unter »Goni«.

Natürlich rechnete die neue Regierung mit heftigen Protesten durch die Opfer des Kahlschlags. Doch die Massenentlassungen hatten der organisierten Arbeiterschaft einen schweren Schlag versetzt. Die staatliche Ölfirma YPFB und der Minenkonzern COMIBOL waren dezentralisiert und teilprivatisiert worden. Paz Estenssoro stutzte die Belegschaft radikal auf 7000 Angestellte runter. In YPFB entließ er 4000 Lohnempfänger, nur 5000 blieben in Arbeit.

Dies war ein mehr als geschickter Schachzug, denn der mächtigen Gewerkschaft der Minenarbeiter Boliviens (FSTMB) und der Arbeiterzentrale COB hatten die Massenentlassungen den Teppich unter den Füßen weggezogen. Die Aufkündigung von Tarifverträgen des bis dato reglementierten Arbeitsmarktes schwächte den Einfluss der COB weiter dramatisch, seit ihrer Gründung 1952 hatte die Arbeiterzentrale eine führende Rolle in der bolivianischen Politik gespielt. Ein letztes Aufbäumen gegen den eingeschlagenen Regierungskurs war im August 1986 der »Marsch für das Leben«, bei dem sich 30 000

Bergarbeiter zu Fuß nach La Paz aufmachten, um gegen die Streichung ihrer Arbeitsplätze und die Privatisierung der Bodenschätze zu protestieren. Mit Hilfe der Armee und der Ausrufung des Ausnahmezustandes löste Paz Estenssoro die Demonstration auf.

IM FADENKREUZ VOM PENTAGON

Wenn die Herrschaft des neuen Präsidenten und seiner Regierungsmannschaft gefährdet sein konnte, dann vonseiten der kampferprobten Minenarbeiter. Deren explosive Schlagkraft hatte er nicht vergessen. Die Männer mit Eisenhelm, Dynamit und Fusiliergewehr hatten der Revolution von 1952 zum Sieg und Paz Estenssoro auf den Präsidentensessel verholfen. Durch die Teilprivatisierung von COMIBOL war er Machtpolitiker genug gewesen, um seinen alten Verbündeten aus Revolutionszeiten just in ihrem schwächsten Moment in den Rücken zu fallen.

Tausende der entlassenen Minenarbeiter aus dem kargen Hochland von Potosí und Oruro fanden im Chapare ein neues Zuhause, in Scharen waren sie mit ihren Familien in die fruchtbaren Täler gezogen. Die Not hatte aus den Bergleuten Kokabauern gemacht, und die Angst vor noch mehr Armut hatte sie in die schwülen Tropen von Cochabamba getrieben. Der Präsident hatte für die Wirtschaftsflüchtlinge im eigenen Land nur die euphemistische Amtsbezeichnung *Relocalizados* (»Umgesiedelte«) übrig.

Nach ersten Demonstrationen gegen das Sparpaket und für eine Entlassungsentschädigungen waren die *Cocaleros* dem Regierungsbündnis in La Paz schnell unheimlich geworden. Rasch machte sich der »Pakt für die Demokratie« daran, die rebellischen Kokabauern zum Sicherheitsrisiko zu erklären. Der neue Gegner im Dschungel war kein Drogenbaron mit Rolex-Uhr und Lackschuhen. Der Gegner im »Kampf gegen die Drogen« war der einfache Landarbeiter, der Koka anpflanzte, um nicht an Hunger zugrunde zu gehen.

Ohne ihr Zutun waren Boliviens Kokabauern ins Fadenkreuz einer neuen Militärstrategie geraten. Mitte der Achtziger hatte US-Präsident Ronald Reagan für die Länder der Dritten Welt zur alles entscheidenden Antikommunismus-Kampagne geblasen. Nachdem die Bevölkerung in den Vereinigten Staaten vom Kalten Krieg und seinen Stellvertretergefechten erschöpft war, wurde als frisches Bedrohungsszenario der »Narcoterrorismus« aus der Taufe gehoben.

VOLK ALS SICHERHEITSRISIKO

Der Ernstfall ließ nicht auf sich warten. In Nicaragua hatte die Revolution der Sandinisten 1979 Diktator Anastasio Somoza aus dem Land gejagt, dessen Clan das mittelamerikanische Land seit Anfang der dreißiger Jahre fest im Griff hatte. Nach Jahren der Unterdrückung und politischen Verfolgung wurden 1984 erstmals wieder freie Wahlen abgehalten. Sogleich schürte das Pentagon Ängste vor der »roten Gefahr aus dem Süden« und sponserte *undercover* einen schmutzigen Contrakrieg gegen die junge Regierung Daniel Ortegas. Oliver North, der als CIA-Agent durch Waffenlieferungen an Nicaraguas rechte Paramilitärs in der Iran-Contra-Affäre zweifelhafte Berühmtheit erlangte, feierte die Erfindung des Narcoterrorismus in einem Regierungsbericht als eine gelungene propagandistische Verbindung von Drogen und Politik, als »eine außerordentliche Gelegenheit, um eine Tatsache zu schaffen, der niemand widersprechen kann«.

Reagan ließ die neue Propagandawaffe der USA in einer Rede 1986 erstmalig aus dem Sack. »Drogenhandel und Terrorismus sind teuflische Zwillinge«, so der US-Präsident, »die heimtückischsten und gefährlichsten Bedrohungen der Hemisphäre von heute.« Und nur wenige Monate später befeuerte Reagans

Staatssekretär George Shultz das Bedrohungsszenario weiter und warnte vor »kommunistischen Nationen«, die »Terrorismus unterstützen und mittels organisierter Gewalt rechtmäßige Regierungen« zu Fall bringen würden.

Mitten im Kampf der Systeme fürchteten die Vereinigten Staaten den Einfluss der Sowjetunion in Lateinamerika. Natürlich ging es im »Hinterhof Washingtons« aber vor allem um knallharte Interessen. Neben Venezuela und Ecuador war auch Bolivien wegen seiner Ölvorkommen von strategischer Bedeutung, seit Jahrzehnten operierten die nordamerikanischen Energiemultis Standard Oil und Gulf Oil Company in ganz Südamerika.

In Bolivien konnte sich Washington voll und ganz auf die Armeeführung verlassen. In Kohorten hatte sie die Militärschule School of the Americas durchlaufen, so auch General Banzer. Seit Ende des Zweiten Weltkrieges waren lateinamerikanische Militärs von US-Ausbildern in »Aufstandsbekämpfung« und der Doktrin der »Nationalen Sicherheit« unterrichtet worden. Kein rechter Putschist und Folterer der Militärdiktaturen von Argentinien bis Guatemala, der nicht die Lehrgänge in Panama absolviert hatte. Sollten die Streitkräfte eigentlich die Eigenständigkeit ihrer Nationen verteidigen, so waren sie auf dem gesamten Subkontinent zum verlängerten Arm des Pentagons geworden.

Anstandslos befolgten die Offiziere und Generäle die neuen strategischen Vorgaben ihrer Lehrmeister aus dem Norden. Ende 1988 gaben Argentinien und Bolivien auf einem Treffen der Armeeführungen bekannt: »Die Beziehung zwischen Drogenhandel und Subversion, die den Narcoterrorismus bedingt, ist eine Folge des Ost-West-Konflikts, der die nationale und internationale Sicherheit bedroht.« Das eigene Volk war der Feind. Die Militärs, eigentlich dazu da, Grenzen und Integrität ihrer Länder zu schützen, hatten die Lektion von der »Nationalen Sicherheit« gelernt: »Die Internationale Kommunistische Bewegung (ICM) benutzt den Narcoterrorismus als ein sozioideologisches Instrument, um soziale Unruhen zu verursachen, die Gemeinschaftsmoral und die westliche Ordnung zu korrumpieren.« In Zeiten politischer Wirren konnten unter dem Vorwand der Bekämpfung des Narcoterrorismus gleich mehrere unliebsame Fliegen mit einem Schlag erledigt werden. Die Gegner im Inneren waren »Gewerkschaften, Religiöse, Studentengruppen etc.«, welche die Militärs als Befehlsempfänger der ICM-Schimäre ausgemacht hatten. »Der Einsatz der bewaffneten Kräfte wird in diesem Zusammenhang für notwendig erklärt, weil der Drogenhandel nicht das Handeln von Individuen ist.«

KNÜPPEL AUS DEM SACK

Im Massaker von Villa Tunari war die Militärdoktrin in ihrer ganzen Brutalität Wirklichkeit geworden, mit der Entsendung der UMOPAR-Truppen hatte die Regierung Paz Estenssoro ein unübersehbares Zeichen der Abschreckung gesetzt. Wie in Kolumbien war der »Drogenkrieg« als Knüppel gegen die landesweiten Proteste der ehemaligen Minenarbeiter aus dem Sack geholt worden. Die Verlierer der Marktreformen galt es zu kriminalisieren und zum Schweigen zu bringen. *Mano dura* (»harte Hand«) gegen die neuen *Cocaleros.* Kritik oder gar Widerstand sollten das neoliberale Projekt nicht in Gefahr bringen.

Flankiert wurde die Militarisierung innenpolitischer Konflikte vom Gesetz Nr. 1008. Die US-Botschaft in La Paz hatte mit der Streichung der Entwicklungshilfe gedroht, sollte das von US-Juristen verfasste »Gesetz zu Koka und kontrollierten Substanzen« nicht umgehend verabschiedet werden. Als der Druck auf den Kongress immer größer wurde, trat das »Strafgesetz« im Juli 1988 in Kraft. Es wurde in »traditionellen« und »illegalen« Gebrauch von Koka unterschieden, die landesweiten Anbauflächen sollten auf 12 000 Hektar reduziert werden.

Für die Bolivianer ist Koka nicht Kokain, in Südamerika ist

die Pflanze heilig, die grünen Blätter mit dem bitteren Geschmack dienen bis heute traditionellen Zeremonien und zur Herstellung von Medizin. Nichts hilft in den Höhen der Anden besser gegen die Höhenkrankheit *Sorochi* besser als ein frischer Kokatee. Als Hungerstiller bei der Arbeit im Bergwerk oder auf den Feldern ist *Acullico* (»Kokakauen«) nicht wegzudenken.

Das 1008er-Gesetz legte den Kokabauern die Daumenschraube an. Wer mit Kokapaste, Kokablättern oder Chemikalien zur Herstellung von Kokain gefasst wurde, dem drohten lange Haftstrafen oder gar die Auslieferung an die USA. Offensichtlich richtete sich das neue Gesetz gegen die einfachen Bauern. Die nationalen Sicherheitsbehörden wollten den US-Partnern rasche Erfolge vorlegen, und abgerechnet wurde in Verhaftungszahlen. Schnell füllten sich eilig errichtete Gefängnisse mit Kleinkriminellen und Unschuldigen, während die großen Drogenbosse sich freikauften. Immer lauter klagten Menschenrechtsorganisationen die Praxis der Justiz an, Verfahren gegen Verdächtige zu verschleppen. Manch ein Gewerkschaftler der Kokabauern musste in seiner Zelle mehrere Jahre auf einen Prozess warten. Unrechtmäßige Verhaftungen, Schläge und Folter, das Verbrennen von Hab und Gut und permanenter Ausnahmezustand wurden zum Alltag im Chapare. Auf Grundlage von Gesetz Nr. 1003 erhielten Drogenrichter ihren Sold von der Nationalen Stiftung für Demokratie (NED), die Präsident Reagan 1982 zwecks »Stärkung der Zivilgesellschaft« ins Leben gerufen hatte.

NEUES FEINDBILD KOKA

Der Jagd auf die *Cocaleros* war die Schaffung einer »schwarzen Legende vom Kokablatt« vorangegangen, wie der Politologe José Mirtenbaum die wachsende Verteufelung der heiligen Pflanze der Aymara und Quechua bezeichnet. 1948 hatten die Vereinten Nationen eine Untersuchung zu den Auswirkungen des *Acullico* angestellt und das Kokakauen als »gefährdend für die Gesundheit« befunden. 1961 dann schrieb das in New York verabschiedete Einheitsabkommen für Betäubungsmittel der bolivianischen Regierung die Vernichtung aller Kokafelder vor.

Dabei hatten die neuen Bewohner des Chapare eigentlich nur das umgesetzt, was ihnen die marktgläubigen Politiker einzubläuen versuchten: Der Markt regiert die Welt, und auf ihm habt ihr euch in Eigenverantwortung zu betätigen. Ende der siebziger Jahre, fast zeitgleich mit der Schuldenkrise und dem Zinncrash, war in den USA und Europa der Konsum von Kokain und Crack stark in Mode gekommen. Die Menschen in Bolivien hatten sich nach dem Zusammenbruch der Zinnminen an die neue Marktlage angepasst und auf die stetig wachsende Nachfrage der *Gringos* nach Koks mit einer erhöhten Kokaproduktion reagiert.

Zum ersten Mal in der Geschichte Boliviens hatte die Landwirtschaft den Bergbau als wichtigsten Exportsektor abgelöst. Bei den Drogenhändlern aus Kolumbien waren die Kokablätter des Chapare vor allem wegen seines hohen Alkaloidgehalts sehr gefragt. Boliviens Kokabauern deckten bald mehr als ein Drittel des globalen Kokabedarfs. 1984 beliefen sich die bolivianischen Einnahmen aus dem Kokageschäft auf 1,4 Milliarden US-Dollar, das Doppelte der regulären Exportgewinne. Die Anbaufläche für Koka richtete sich dabei nach dem Kokainbedarf des Nordens. Während 1976 nur 16 000 Hektar vor allem in den subtropischen Wäldern von La Paz für den internen Verbrauch angepflanzt worden waren, erstreckte sich der Anbau 1985 auf 66 000 Hektar, auf denen 153 000 Tonnen Kokablätter geerntet wurden. Über 25 000 Bauern pflückten die kleinen Blätter per Hand vom Strauch.

Den großen Reibach machten jedoch wieder einmal eine Handvoll bolivianischer Familien in Städten wie Santa Cruz de la Sierra. Großgrundbesitzer, die ihr erstes Geld mit Baumwolle oder Kautschuk gemacht hatten, sowie Ex-Militärs, die unter General Banzer zu Landbesitz gekommen waren, lieferten den kolumbianischen Kartellen aus Cali und Medellín die Kokapaste. Staubige Sandpisten auf den riesigen Fincas der Plantagenbesitzer dienten als geheime Landebahnen für die kleinen Cessna-Flugzeuge der Schmuggler, ideal war der dichte Wald für die versteckten Drogenlabors der Kolumbianer.

Doch auch im Drogenbusiness war Bolivien als Kokazulieferer nur ein kleiner Player, den weltweiten Kokainabsatzmarkt kontrollierten schon damals die kolumbianischen Profis.

Trotzdem waren die Drogen-Dollars für jedermann sichtbar. In der »Dekade des Kokains« schossen in der verschlafenen Kleinstadt Santa Cruz de la Sierra Wolkenkratzer und Luxusvillen wie Pilze aus dem Boden. Tagestrips nach Miami zum Shopping wurden für die Familien der Kokainmafia zur Normalität, seit man sich am Rande der rasant wachsenden Stadt einen internationalen Flughafen gebaut hatte. Die anstrengende Arbeit auf den *Catos*, den Kokastrauch-Pflanzungen, die meist nicht größer als sechs Hektar sind, erledigten wie eh und je die bolivianischen Kleinbauern.

Für die *Cocaleros* ist die Kokapflanze trotz allem ein Segen. Schon drei Jahre nach der ersten Aussaat wirft der widerstandsfähige Kokastrauch die volle Ernte ab, seine Lebensdauer beträgt 15 bis 25 Jahre. Viermal im Jahr können ohne viel Pflege die Felder geerntet werden. Die reifen Blätter lassen sich zum Ernten unkompliziert abziehen, in der Sonne trocknen sie schnell und sind in Säcken leicht zu den weit entfernten Kokamärkten zu transportieren. Auch wenn die Ernte nass wird und sich die Blätter schwarz färben, wird die Ware noch verkauft. Sie ist zeitweise so gefragt, dass manche *Comerciantes* gar zum Bauern kommen und ihm die Säcke vor Ort abkaufen.

In guten Zeiten verdient ein Kokabauer pro *Cato* rund 5000 *Washingtones* (umgangssprachlich für »Dollar«) im Jahr, der fünfzigfache Verdienst seines Nachbarn, der auf Reis, Kartoffeln oder Ananas setzt. Natürlich könnte er auch Orangen pflanzen. Doch sind 200 Stück auf dem schwer zugänglichen Land schon für einen US-Dollar zu haben. Der weite Weg, die schweren Orangen geschultert, bis zur Straße und zum Markt, wo aus den süßen Früchten Saft gepresst wird, ist die Arbeit nicht wert. Oder Papaya: Nach sechs Monaten Arbeit wirft ein Hektar nur 50 US-Dollar ab. Zu groß sind auch bei Bananen die Transportkosten mit dem Lastwagen in die Großstädte La Paz oder Cochabamba.

In Bolivien ist es ein offenes Geheimnis, dass es nicht dem als Wunderminister gefeierten Planungsminister Gonzalo Sánchez de Lozada zu verdanken ist, dass die Inflation gestoppt werden konnte. Es war das Kokainbusiness, das die neoliberalen Reformen der Regierung Paz Estenssoro mitfinanzierte und die Wirtschaft durch die Flut harter Dollars stabilisierte. Einerseits verfolgte der Staat die Kleinbauern, wo er nur konnte, andererseits bemühte er sich aktiv, die illegale Geldschwemme durch sein wichtigstes Exportgut in die formale Wirtschaft zu kanalisieren. Während die ökonomische *Shock Therapy* das Nationaleinkommen auf ein historisches Tief hatte schrumpfen lassen und die Arbeitslosigkeit einen nie gesehenen Rekordstand erreicht hatte, bewahrte die Drogenwirtschaft das Land vor dem wirtschaftlichen Untergang.

Bolivien aber bezahlte für das neoliberale »Strukturanpassungsprogramm« einen hohen Preis. Nicht nur war das kleine Land durch die Öffnung seines Staatsgebiets für die US-Armee dem Norden Amerikas militärisch ausgeliefert. Mit messianischem Eifer hatten sich Paz Estenssoro, Sánchez de Lozada und Harvard-Berater Sachs darangemacht, auch die Zügel über die Wirtschaft aus der Hand zu geben. Bolivien hatte seine staatliche Souveränität verloren. Die Bringschuld kommender Regierungen in La Paz gegenüber Internationalen Währungsfonds und Weltbank war klar. Im eigenen Haus hatte die Politik den »sozialen Frieden« zu besorgen, gutes Investitionsklima für das in den Startlöchern wartende ausländische Kapital. Wie so oft in der Geschichte Boliviens waren Mitte der achtziger Jahre fremde Großmachtinteressen auf den Machterhaltungstrieb der heimischen Elite getroffen, eine, wie sich später herausstellen sollte, verhängnisvolle Schnittmenge.

Denn im Chapare regte sich Widerstand gegen die rücksichtslose Politik der Herren in La Paz. Die Bauern ließen sich nicht in ihre Leben hineinreden und pflanzten weiter Koka an. »Wir haben im Kampf um Koka nur unser Leben verteidigt, weil Koka die wirtschaftliche Grundlage unserer Familien ist. Koka ist nicht Kokain. Koka ist Koka, klar, aber erst nach einem langen Prozess wird daraus Kokain. Wie bei der Weintraube, aus der nach einem langen Prozess eben Wein wird«, lehnt Leonilda Zurita, Gewerkschaftsführerin der Kokabauern die von den USA unterstellte Schuld am Kokainhandel ab. Im Laufe der neunziger Jahre hatte der regional begrenzte Krieg in den Tropen das politische Bewusstsein neu geschärft, aus der Verteidigung der Kokafelder erwuchs stetige Auflehnung gegen Einmischung und Aneignung der natürlichen Reichtümer von außen. »Die Verteidigung der Koka«, so die spätere MAS-Senatsabgeordnete Zurita, »ist wie die Verteidigung unserer Kultur, unserer Weisheit und unserer Naturmedizin. Wir verteidigen damit das Leben, die Mutter Erde, weil in ihr die Hauptschlagadern der Natur liegen: Wasser, Erdöl, Gas.«

6. *SUPER COCALERO*

»Der Kampf zur Verteidigung der Kokapflanze hat uns dazu gezwungen, die wirtschaftliche Lage in unserem Land zu verstehen und zu begreifen, was Bolivien, was unsere Kultur ist. Wir können uns noch einmal 500 Jahre beschweren oder jetzt mit dem Kampf um die Macht beginnen. Wir Indigenen haben nie regiert, immer sind wir außen vor geblieben.«

Evo Morales zur Gründung der Partei »Bewegung zum Sozialismus« im Juli 1997

Wieder einmal schüttet es im Chapare in Strömen. Auf den Tag genau ein Jahr nach dem Massaker von Villa Tunari sitzen der junge Kokagewerkschaftler Evo Morales und seine Freunde in ihrem Holzhaus in der kleinen Ortschaft Villa 14 de Septiembre und kochen *Papa y Mote,* Kartoffeln und geschälten Mais. Zum Arbeiten auf den Feldern ist das Wetter heute zu schlecht. Mit einem Mal springt »Don Evo« auf: Heute wird doch der Toten vom 27. Juni 1988 gedacht. Kurz entschlossen macht sich die kleine Truppe auf nach Puerto San Francisco, wo sich die anderen Bauern für eine Trauerfeier verabredet haben.

Hugo Morales, Evos jüngerer Bruder, bleibt allein in der Hütte zurück, sollen die anderen doch nass werden. In diesem Moment donnert auf der Lehmstraße ein schwerer Lastwagen mit *Leopardes* heran. Die UMOPAR-Soldaten scheinen nur darauf gewartet zu haben, dass ihr Widersacher sein sicheres Heim verlässt. Ohne dass der Verfolgte davon ahnt, haben sie sich auf die Jagd nach dem rebellischen *Cocalero*-Führer gemacht.

Nur wenige Minuten später werden Hugos schlimmste Befürchtungen bestätigt. Abgekämpft und geschockt waren die

Freunde von Evo zurück zum Haus gerannt. »Sie haben uns mit Tritten und Schlägen auseinandergerissen, ihn haben sie mit Stöcken zum Lkw geprügelt und nach Puerto San Francisco gebracht, dorthin, wo die Straße aufhört und der Fluss beginnt.« Allen ist sofort klar, was die Polizisten mit dem Gewerkschaftschef der Kokabauern vorhaben. Einmal mit ihm fertig, werden sie den Bewusstlosen in den Fluss werfen, er wäre nicht der Erste.

Wie ein Lauffeuer verbreitet sich die Nachricht von Evos Entführung. Die Bauern von Chapare kennen die Berge und Wälder wie ihre Westentasche und nehmen die Suche nach ihrem *Compañero* auf. Auf umschlungenen Pfaden wollen sie den *Leopardes* den Weg abschneiden, nach einer Abkürzung durch das Dschungeldickicht planen die Männer einen Überfall auf die schwerbewaffneten Antidrogeneinheiten.

Nachdem die Botschaft vom gefangen genommenen Evo in Minutenschnelle die Runde gemacht hat, beschmeißen aufgebrachte Bewohner den vorbeifahrenden Militärlaster vom Straßenrand aus mit Steinen. Den übel zugerichteten Evo wollen die Paramilitärs nach Villa Tunari in die Kaserne verschleppen. Ihrem Opfer haben sie einen Strick um den Hals gebunden und ziehen es triumphierend hinter sich her wie ein Tier zum Schlachthof. Jeder in der militarisierten Zone soll sehen, was mit Gegnern der Staatsmacht passiert.

Doch statt Angst macht sich Wut breit. Wie auf Knopfdruck sind die Kokabauern auf die Straße geströmt und zwingen den Gefangenentransport mit eilig errichteten Straßenblockaden aus Steinen, Bäumen und Ästen zur Umkehr. Zurück in Puerto San Francisco halten die gejagten Jäger an, ihres Beutefangs wollen sie sich so schnell wie möglich entledigen. Morales, den sie für tot halten, werfen sie in einen Straßengraben, es fehlt die Zeit, um seinen grün und blau geschlagenen Körper im nahen Fluss verschwinden zu lassen. Als die Drogensondereinheit sich aus dem Staub machen will, hat sie der Kreis der herangeeilten Bauern schon fast umzingelt. Nur mit Warnschüssen in die Luft können die Polizisten die Überzahl der *Cocaleros* davon abhalten, über die verhassten Uniformierten herzufallen. Den Lkw hat die aufgebrachte Menge längst die Böschung herab in den Fluss gestoßen. Die Bauern, mit alten Mausergewehren, Macheten und Knüppeln bewaffnet, zwingen die UMOPAR-Truppe schließlich zum fluchtartigen Rückzug.

Bis die Lage sich beruhigt hat, wird der schwerverwundete Morales im Gehölz versteckt. Drei Stunden später treffen Journalisten aus Santa Cruz und Cochabamba am Tatort ein. Im ganzen Land wird in den kommenden Tagen über das Geschehene zu lesen sein, ein Skandal. Als die Luft endlich rein ist, wickeln vier Männer den Schwerverletzten in ein Betttuch und fahren ihn mit einem Boot den Fluss hinab nach Villa Tunari, nur so kann verhindert werden, dass sie den Straßenposten und Patrouillen in die Hände fallen. Nach der Ersten Hilfe wird Evo ins Krankenhaus nach Cochabamba gebracht, die Ärzte versorgen seine gebrochene Nase, auch das Schlüsselbein muss in Gips. Die vom Seil und dem steinigen Boden der Straße verbrannte Haut erholt sich nur langsam, Wochen dauert es, bis die von den Gewehrkolben zersplitterten Knochen geheilt sind. »Selbst als die *Leopardes,* die bis dato effektiv in ihrer Folter- und Tötungstechnik waren, ihn für tot hielten, behauptete sich Evo, tapferes Beispiel seiner geprügelten Rasse, um aus seiner eigenen Asche wieder hervorzusteigen«, bemerken die Journalisten Darwin Pinto und Roberto Navia in ihrer »nicht autorisierten Biografie« *... irgend so ein Evo* über die zähe Widerstandskraft des späteren Präsidenten Evo Morales Ayma.

Tatsächlich macht der Angriff auf Leib und Leben »Don Evo« zum Helden der Kokabauern. Der Ruf eines harten Hundes, dem Folter und Haft nichts anhaben, lässt ihn im Chapare zum gefeierten »Superman der *Cocaleros*« werden. Angst zeigt Evo keine, auch telefonische Morddrohungen können ihn nicht einschüchtern. 1997 entgeht er bei einem zweiten *Leopardes*-Angriff erneut nur knapp dem Tod, wieder wird er ins Krankenhaus nach Cochabamba gebracht und dort zusammengeflickt.

TURBULENTE LEHRJAHRE

Eigentlich wollte Evo Fußballer werden. Geboren am 26. Oktober 1959 als Sohn einer Bauern- und Viehzüchterfamilie in dem kleinen Dorf Isallavi im *Departamento* Oruro, das nur aus ein paar Lehmhütten besteht, wuchs er unter härtesten Bedingungen auf. Sieben Kinder brachten seine Eltern María Mamani und Dionisio Morales Huanca auf die lebensfeindliche Welt des trockenen Altiplano, nur drei überlebten. »Meine anderen Brüder sind mit ein oder zwei Jahren gestorben, das sind nun einmal die Lebensbedingungen der Familien in den Bauerngemeinden, über die Hälfte der Kinder stirbt. Wir aber hatten Glück, drei von sieben sind durchgekommen«, erinnert sich Morales im Gespräch mit dem spanischen Autor Francisco Pineda. Die fünfköpfige Familie vom Volk der Aymara drängte sich auf engstem Raum zusammen, die Hütte war gegen das raue Andenklima nur mit einem Strohdach gedeckt. Sie »war klein, nicht mehr als drei oder vier Meter, sie war unser Schlafzimmer, Wohnzimmer, unsere Küche, hier aßen wir. Gleich nebenan lag der Hof für unsere Tiere. Wie alle Dorfbewohner lebten wir in großer Armut.«

Seit seiner frühesten Kindheit musste Evo mit anpacken, auf den Feldern und beim Lamahüten fiel genug Arbeit an. In den Pausen konnte Evo Kind sein. »Immer wenn die Lamas auf den Bergen grasten, dann schnappte ich mir meinen Ball aus Stofffetzen und dribbelte ein Lama nach dem anderen aus. Die Tore waren Strohballen oder Stöcker, und mein Hund Trébol war mein einziger und unzertrennlicher Mitspieler.«

Mit sechs Jahren verließ Evo seinen *Ayllu* Sullka im Kanton Orinoca zum ersten Mal. Wie viele Bewohner der kargen Hochebene trieb auch Vater Dionisio die Not nach Argentinien. Der Wanderarbeiter nahm Evo und Schwester Esther mit zur harten Plackerei in den riesigen Zuckerrohrfeldern im nordargentinischen Tucumán. »Jeden Morgen, bevor mein Vater zur Arbeit ging, ehrte er die *Pachamama,* das ist Mutter Erde. Meine Mutter machte das *Ch'Alla*-Ritual mit Alkohol und Kokablättern, damit es uns auf der langen Reise gut gehe. Es war so, als ob meine Eltern mit der Erde und der Natur reden würden.«

Die unverzichtbaren Kokablätter werden auch zur Behandlung von Krankheiten benutzt. Evos ältere Schwester Esther, die heute eine kleine Fleischerei in der Calle Jaén 165 in der Bergbaustadt Oruro betreibt, erinnert sich: »Im Dorf gab es keine medizinische Versorgung. Meine Mutter behandelte unser Fieber allein mit Koka und Zucker, und manchmal heilte uns das. Wenn das Fieber so hoch war, dass es wehtat, bekamen wir Koka und Zucker in die Achseln und mussten drücken. Um unsere Füße wickelte sie ein schwarzes Tuch. Das war alles, oder eben sterben.« Später erging es Esther wie schon ihrer Mutter, drei ihrer sechs Kinder mit dem Lehrer Ponciano Wilcarani starben an Fieber und Kinderlähmung.

In Argentinien lernte Evo Spanisch, für den Hirtenjungen eine ungewohnte Sprache, die er bisher allein vom Vaterunser der Dorfpfarrer kannte. In Isallavi wurde nur Aymara gesprochen. Und während sich sein Vater auf den endlosen Zuckerrohrfeldern den Körper zerschindete, besuchte Evo für ein paar Monate in der nordargentinischen Gemeinde Galilea die Grundschule, lernte Lesen und Schreiben. Esther hatte weniger Glück, sie musste Essen kochen und blieb zu Hause. In der schulfreien Zeit verkaufte Evo Eis.

Nach der Erntesaison machte sich Familie Morales wieder auf den langen Nachhauseweg. Weil es in Isallavi keine Schule gab, musste Evo eine Stunde zu Fuß in die Ortschaft Calavillca laufen. Fünf Jahre lang, bis zur fünften Klasse ging er diesen Weg, fast jeden Tag, bei Wind und Wetter. Das härtet ab.

Am besten ist den Bewohnern im Kanton Orinoca der junge Fußballer Evo im Gedächtnis. Fußball war seine erste Liebe. »Als ich dreizehn oder vierzehn Jahre alt war, gründete ich in meiner Gemeinde ein Fußballteam, und wir machten bei vielen Turnieren mit. Ich war Mannschaftskapitän, Manager, Schiedsrichter, Trainer, Fitnesscoach und Goalgetter in einem«, erinnert sich Morales an seine Mannschaft, die auf den Turnierlisten unter dem Namen »Brüderlichkeit« firmierte. »Ich war wie der Besitzer der Mannschaft. Mein Vater half mir, wo er konnte, auch er liebte den Sport.« Um Schuhe, Trikots, Bälle und die Fahrten zu den prestigeträchtigen Turnieren zwischen den *Ayllus* zu bezahlen, verkaufte Dionisio Morales, der auf die Leistungen und den wachsenden Erfolg seinen Sohnes sehr stolz war, die Wolle der geschorenen Lamas.

Überzeugt von seinem Lerneifer und Ehrgeiz hatte Evo seinen Vater auf einer langen Wanderung über das endlose Altiplano, durch eisigen Wind und nächtlichen Frost zum entlegenen Dorfmarkt von Independencia. Das war 1971, Evo war elf Jahre alt. Wieder einmal hatte der Hunger die Morales-Familienoberhäupter in Bewegung gesetzt, auf dem Basar der kleinen Landstadt tauschten sie die Lamas, die sie in dem einmonatigen Fußmarsch vor sich hergetrieben hatten, gegen Nahrungsmittel. In Isallavi und Umgebung hatten sich nach einer schlechten Ernte die Vorräte von Kartoffeln und *Chuño* bedrohlich dem Ende geneigt. Der Putsch von Diktator Hugo Banzer am 21. August 1971 grub sich damals in Evos Gedächtnis. »Über das Radio haben wir vom Banzer-Staatsstreich erfahren. Immer werde ich mich an die großen Busse erinnern, die auf den Überlandstraßen an uns vorbeifuhren, voller Leute, die Bananen- und Orangenschalen aus dem Fenster schmissen. Ich habe die Reste aufgehoben, um sie zu essen. Seitdem war einer meiner größten Träume, auch einmal in so einem Bus zu reisen.«

Sein Wunsch sollte schneller in Erfüllung gehen, als er geglaubt hätte. Nach einem Jahr Zwangspause konnte Evo 1973 wieder in die Schule gehen. Die Lehrer an der Oberschule von Orinoca hatten den Lamahirten zuerst nicht aufnehmen wollen, mehrere Schafe für den Direktor ermöglichten aber eine Einschulung des Bauernsohnes. Mit seiner neuen Schulklasse macht er als 15-Jähriger einen Ausflug zum Regierungssitz La Paz. In der Millionenstadt angekommen, besuchten die Jugendlichen natürlich auch den Präsidentenpalast. Im Palacio Quemado aber wollte sie niemand empfangen. Evo ärgerte sich darüber sehr, erinnert sich seine mitgereiste Cousine Adela Ayma später, und drohte dem Palastpersonal: »Eines Tages werde ich Präsident sein.« Seinen lachenden Klassenkameraden teilte er mit: »Und ihr werdet meine Minister.«

»Ich war seit klein auf ein Organisator und engagiert«, erzählt Morales zu Beginn seiner Gewerkschaftslaufbahn der Presse und erläutert: »In der Grundschule von Calavillca, als ich in der ersten Klasse war, sollten wir einen Esel zeichnen. Ich habe ihn rot, gelb und grün gemalt. Das ganze Jahr war das der Witz der Klasse: Evos Esel ist rot, gelb, grün!« Die Zeichnung vom Esel in den Nationalfarben Boliviens ist nur ein Beispiel für sein Talent, Menschen für sich einzunehmen.

Nicht nur der Fußball sorgte dafür, dass Evo sich Respekt und Lob seiner Umwelt verdiente. Mit 17 Jahren verließ er das Elternhaus, um auf einer weiterführenden Schule in Oruro sein Abitur zu machen. In dem Epizentrum des andinen Karnevals kam zum Sport die Musik. Nachdem er sich am Colegio Marcos Beltrán Ávila, einer Schule für Bedürftige, eingeschrieben hatte, brachte ihm der Ehemann seiner Schwester Esther das Trompetespielen bei. Mitte der siebziger Jahre schossen die *Bandas* wie Pilze aus dem Boden. Für die Jugendlichen war ein Engagement bei einer der populären Blechbläser-Kapellen eine Möglichkeit, um der Schufterei in den Minen zu entfliehen. Neben der Schule arbeitete Evo als Bäcker und als Aushilfe in einer der Lehmziegel-Fabriken, in denen die Millionen roter Backsteine für die Häuserwände und Mauern in ganz Bolivien gebrannt werden. Nach Arbeit und Schule schleppte sich der vielbeschäftigte Neuankömmling zu seiner Band Real Imperial. »Das erste und einzige Mal, dass ich ein Sakko trug, war, als ich bei Real Imperial Trompete spielte«, erzählt er 2006 als Präsident bei seiner Amtsantrittsreise um die ganze Welt. Dem spanischen König Juan Carlos war im Palast von Madrid nichts Besseres eingefallen, als dem *Chompa* tragenden ersten indigenen Staatsoberhaupt Boliviens eine Nobelkrawatte zu schenken. Der gestreifte Pullover mit andinen Motiven aus der Wolle von Alpaka-Lamas ist längst zu Morales' Markenzeichen geworden. Entgegen des westlichen Protokolls verzichtet er auf Anzug und Krawatte, weil »die Mehrheit der Bolivianer sich nicht so kleidet«.

Trompetespielend lernte Evo das ganze Land kennen, die Minenzentren Potosí und Llallagua, aber auch das tropische Tiefland, das er auf seiner Reise nach Argentinien zum ersten Mal durchquert hatte. Auch wenn sich Klima, Menschen und Sitten von Ort zu Ort änderten, Misere und Armut stachen Evo überall in die Augen. Er sah, wie die Minen die Menschen verschluckten und nicht wieder hergaben und dass der Reichtum Boliviens seinen Bewohnern nicht zugutekam. Trotz der Mühen, seinen Lebensunterhalt neben dem Unterricht bestreiten zu müssen, schaffte Evo 1977 mit mittelmäßigen Noten sein Abitur.

In den darauffolgenden zwölf Monaten seines obligatorischen Militärdienstes konnte Evo unmittelbar zwei Staatstreiche beobachten. In diesen Jahren der bolivianischen Geschichte vom Übergang der Militärdiktaturen zu Demokratie Anfang der achtziger Jahre begriff Evo endgültig, wie die weiße Oberschicht in dem Land der Indigenen Politik machte: Putsche, Blutvergießen, Drogen für angeheuerte Killerkommandos aus dem Ausland, Folter und Exekutionen auf offener Straße statt Demokratie und Mitbestimmung für alle Bolivianer.

Die kommenden Jahre waren turbulent und geprägt von Gewalt. Am 21. Juli 1978 putschte sich Juan Pereda Asbún an die Macht. Der Chef der Luftwaffe war ein Günstling von Diktator Banzer. Banzer hatte auf Druck Washingtons zu Wahlen aufgerufen, doch nach massiven Wahlfälschungen, die dem UDP-Linksbündnis um Hernán Siles Zuazo den Sieg kostete, riss Asbún mit Duldung Banzers die Regierung brutal an sich. Doch dauerte die Regentschaft des 47-Jährigen nur vier Monate. Im November 1978 schlug ihm der demokratisch gesinnte General

David Padilla das Zepter aus der Hand, um endlich zur Demokratie zurückzukehren.

Die Militärzeiten schienen Geschichte. Die ersten wirklich sauberen Wahlen seit 1964 gewann im Juli 1979 Hernán Siles Zuazo, ohne aber die absolute Mehrheit von 50 Prozent zu erreichen. Boliviens Verfassung sieht in diesem Fall keine Stichwahl vor, der Kongress entscheidet über die Ernennung des Präsidenten. Bis zur Wahl von Morales schaffte in der langen republikanischen Geschichte kein per Stimmzettel ernannter Präsident die 50-Prozent-Hürde. Die Verfassungsväter hatten Boliviens demokratisches System in die Hände eines elitären und veränderungsresistenten Parlaments gegeben, regelmäßig artete die Wahl des Präsidenten in ein Geschacher und Geschiebe um Ministerposten und Einfluss im Staatsapparat aus.

Auch im Herbst 1979 war das Land politisch blockiert. Die Parlamentarier der extremen Rechten unter der Führung Banzers waren nicht gewillt, die Macht der linken »Nuckelflasche des Staates« zu überlassen. Als angesichts des politischen Patts zu Neuwahlen im kommenden Jahr ausgerufen wurde, putschte sich mit Alberto Natusch Busch am 1. November 1979 wieder ein Banzer-Vertrauter in den Palacio Quemado. In seiner nur 16 Tage dauernden Schreckensherrschaft starben Hunderte von Oppositionellen, die gegen den Staatsstreich im ganzen Land »Straßenblockaden der Moral« errichtet hatten. Natusch Busch, der an einer Gebirgsjäger-Schule der deutschen Bundeswehr ausgebildet worden war, ließ daraufhin seinen Bluthund vom Eliteregiment Tarapacá, Oberst Arturo Doria Medina, von der Leine. Die Kommandos des »Marschalls des Todes« sprengten die COB-Gewerkschaftszentrale in La Paz in die Luft, und von einem von der US-Baufirma Groves Ltd. geliehenen Helikopter aus beschossen sie das protestierende Volk auf der Straße. In nur zwei Wochen töteten die Militärs beim »Massaker von Allerheiligen« über 200 COB-Gewerkschaftler und Demonstranten, und mehr als 125 Menschen »verschwanden« für immer.

Die Verteidiger der Demokratie und nationalen Selbstbestimmung ließen sich von der Gewalt nicht besiegen, und ein gewaltiger COB-Generalstreik zwang die Putschisten in die Knie. Als erste Frau wurde Lidia Gueiler zur Interimspräsidentin ernannt, als MNR-Politikerin hatte sie schon in der Revolution von 1952 eine bedeutende Rolle gespielt. Nach inneren Parteiränken war sie jedoch des Mordversuchs am damaligen Präsidenten Paz Estenssoro beschuldigt worden, worauf sie als Botschafterin, davon zwei Jahre in Bonn, ins Exil geschickt wurde und fern der Heimat an Einfluss verlor. Jetzt aber sollte sie zum dritten Mal innerhalb eines Jahres Neuwahlen einleiten. Nach ihrer Einsetzung durch den Kongress genoss Gueiler großen Rückhalt, alle demokratischen Kräfte hofften auf eine Beruhigung der Lage.

Noch aber hatte sich die Rechte nicht aufgegeben. Der Wahltermin im Juni 1980 wurde ein Monat des Terrors. Zuerst versuchte ein Leutnant der Präsidentengarde Waldo Ballivián Präsidentin Gueiler in ihrer Residenz zu erschießen. In einer Vorahnung hatte sich die Politikerin im Schlafzimmer eingeschlossen, als sich der betrunkene Killer mit dem Kolben seiner automatischen Waffe daranmachte, sich durch die abgeschlossene Tür Zugang zu seinem Opfer zu verschaffen. Gueilers herbeigeeilter Adjudant, den sie per Telefon zu Hilfe gerufen hatte, machte den Angreifer schließlich unschädlich.

Einige Wochen vor dem Urnengang wurde ein Attentat auf ein Flugzeug verübt, das eine Delegation UDP-Politiker an Bord hatte. Wie durch ein Wunder überlebte als einziger Insasse der Maschine Jaime Paz Zamora die Bombenexplosion. Von 1989 bis 1993 sollte der Mann mit dem vom Feuer entstellten Gesicht Boliviens 77. Präsident werden. Das explodierte Kleinflugzeug gehörte im Übrigen zur Lufttaxi-Firma von Luis Arce Gómez, dem kommenden Innenminister des Putsch-Regimes von Luis García Meza.

Doch die Einschüchterungstaktik hatte ihre Wirkung verfehlt. Das Flugzeugattentat löste bei der Bevölkerung das Gegenteil aus. UDP-Politiker Hernán Siles Zuazo konnte bei den Juni-Wahlen seine Stimmen verdoppeln, sein Amtsantritt als Präsident war in greifbare Nähe gerückt. Der Sieg der UDP-Linken war für deren Gegner unerträglich. Am 17. Juli 1980 schlug die Rechte wieder zu. Mit Unterstützung aus dem faschistischen Argentinien von Jorge Rafael Videla, einer Handvoll Altnazis aus Deutschland und der erstarkten Elite aus Santa Cruz de la Sierra wurde die demokratische Regierung von Lidia Gueiler gestürzt und der Amtsantritt von Siles Zuazo mit aller Gewalt vereitelt.

GEFÄHRLICHE SEILSCHAFTEN

Zu diesem Zeitpunkt war Bolivien längst zum Umschlaghafen des lateinamerikanischen Kokainhandels aufgestiegen, nun wurde auch die Staatskasse zum Selbstbedienungsladen des skrupellosen Drogen-Jetsets. »In einer Woche schon liege ich in der Schweiz am Strand«, soll Olma de García, die in Geografie wenig bewanderte Ehefrau des neuen Militärdiktators Luis García Meza, auf einer Cocktailparty in La Paz geprahlt haben. 40 Millionen US-Dollar hatte sie in den ersten Herrschaftsmonaten des »Kokainpräsidenten« auf ein geheimes Schweizer Konto geschafft.

Hatte sich unter General Banzer das Drogenbusiness im Tiefland etabliert, so brachte der »Kokainputsch« die kriminelle Clique endlich ans Ziel ihrer Träume: Sie allein kontrollierte den Staat. Mit Diplomatenpässen ausgestattet, wurde das Kokain nun unbescholten in die Vereinigten Staaten geschmuggelt.

In Montero, dem Kokain-Umschlagplatz nördlich von Santa Cruz, hatte General García Meza einige Tage vor dem 17. Juli allein 800 000 US-Dollar vom Drogenboss José »Pepe« Pat erhalten. Der Militär hatte auch ein Treffen mit Edwin Gasser, dem Besitzer der bis heute größten Zuckerfabrik La Belgica, und Pedro Bleyer, dem damaligen Präsidenten der einflussreichen Industrie- und Handelskammer, in die Wege geleitet. Die Wirtschaftsbosse halfen ihrem Mann in La Paz gern und griffen ihrer Marionette mit einer überaus stattlichen Summe »Narcodollars« unter die Arme, berichtete die spanische Tageszeitung *El País* exklusiv im April 1981.

Das Geld brauchte García Meza, um die hohen Personalkosten für sein Terrorregime zu finanzieren. Und die Banzer-Günstlinge in den Tiefland-Ebenen von Santa Cruz, Beni und Pando investierten gern in die Putschkasse, hatten sie in den sieben Regierungsjahren von Diktator Banzer doch Millionen von Hektar Land und Kredite geschenkt bekommen.

Der Schlächter des Busch-Putsches Arturo Doria Medina wurde vom Militärregime derweil zum obersten Drogenbekämpfer des Landes berufen, obwohl er bekanntermaßen selbst ein Verehrer des weißen Pulvers war. Da Washington sich nach dem Staatsstreich geweigert hatte, die neue Regierung anzuerkennen, gaukelten die Narcoobristen nun Bemühungen im Antidrogenkampf vor.

Die Drecksarbeit für die Putschisten in La Paz und deren Finanziers in Santa Cruz erledigte Innenminister Arce Gómez. Seine Lehrmeister hatten Rang und Namen: Der in Frankreich zum Tode verurteilte ehemalige Gestapochef Klaus Barbie alias Klaus Altmann war schon General Banzers enger Berater, ihn und seinen Nazifreund Hans J. Stellfeld schützte der NS-Sympathisant Banzer vor der Auslieferung. Jetzt gaben sie ihr Wissen an den Drogenminister weiter, der in Sachen Aufstandsbekämpfung und Informationsbeschaffung von den Besatzern halb Europas eine Menge zu lernen bereit war. Wie in alten Zeiten hatten die Deutschen das Kommando und befehligten die »Operationen« der paramilitärischen Todesschwadronen um die italienischen Neonazis Marco Marino Diodato und Stefano Delle Chiaie.

Vor seiner Ankunft in Bolivien hatte Letzterer in Europa eine Blutspur hinterlassen. 1969 tötete seine Bombe in Mailand 16

Personen, 85 Menschen kamen 1980 beim schwersten Anschlag seit dem Zweiten Weltkrieg ums Leben, als ein Sprengsatz den Bahnhof von Bologna in die Luft sprengte. In Spanien hatte er mit Rechtsextremisten zusammengearbeitet, denen das Franco-Regime zu moderat geworden war. In Italien gründete er die neofaschistische Avanguardia Nazionale und bereitete mit Prinz Junio Valerio Borghese einen Rechtsputsch in Rom vor. Als es ihm in Italien zu gefährlich wurde, ging er nach Angola, um antikommunistische UNITA-Kräfte zu trainieren, und danach gen Chile, wo er Diktator Augusto Pinochet beim Sturz Salvador Allendes half. Nach dort getaner Arbeit heuerte der Rechtsextreme mit besten CIA-Kontakten schließlich in Bolivien an und brachte gleich mehrere Dutzend Folterknechte aus Argentinien mit.

Schnell waren die rund 200 Deutschen, Italiener und Franzosen, die ihrer Mörderbande in Anlehnung an ein Marschlied der spanischen Fremdenlegion den Namen »Bräutigame des Todes« verpassten, in ganz Bolivien berüchtigt. In seiner Antrittsrede im Juli 1981 kündigte García Meza derweil seinen Regierungsstil an: »Alle, die gegen das Gesetz der Nationalen Sicherheit verstoßen, werden mit ihrem letzten Willen unter dem Arm umherlaufen müssen.« Seine Leibgarde, die dem stets Uniformierten nie von der Seite wich, war von William Adger Moffett Jr. ausgebildet worden, einem gedienten CIA-Agenten, der seine Expertise zuvor François Duvalier zur Verfügung gestellt hatte, um dessen brutale Miliz »Tonton Macoute« gegen die nach den Worten des haitianischen Diktators »Infektion des Kommunismus« in Stellung zu bringen.

Das schnelle Geld und die Aussicht auf einen Gewaltexzess gegen Indigene oder Kommunisten hatte Rassisten, Waffennarren und Sadisten aller Art nach Bolivien gelockt. Ein Interview mit dem inhaftierten italienischen Geheimagenten Elio Ciolini in der Zeitschrift *Panorama* (38/1982) gewährt tiefe Einsichten in die Vergangenheit jener Männer, die von der Tiefland-Oligarchie zur Unterdrückung der Bolivianer angeheuert worden waren: »Joachim Fiebelkorn kam in Santa Cruz an, um die deutsche Söldnergruppe Schritt für Schritt aufzubauen. Zuerst war da der Mittelgewichtsboxer ›Icke‹ alias Herbert Kopplin, ein 52 Jahre alter Berliner und Veteran der SS-Einheit von General Steiner. Bis 1952 war er Kriegsgefangener in Russland und ein Experte für Waffen jeder Art. Der Unsympathischste von allen war Hans Jürgen, ein ehemaliger Bahnelektriker, Alkoholiker, der später im Suff gestorben ist. Der beste Fahrer war Manfred Kuhlmann, ein kleiner Hitzkopf, der sich ständig mit dem Deutsch-Chilenen Kay Gwinner in den Haaren lag, der seit Allendes Sieg im Exil lebte. Dann war da noch der Franzose Jean Leclerc, sein echter Name ist Napoleon Leclerc. In Algerien hat er viel gefoltert. Immer lief er in Uniform herum, an seinem Gürtel baumelten Handgranaten. Nie bezahlte er seine Rechnungen, überall sah er Kommunisten. Fiebelkorns bester Freund war der 65 Jahre alte Hans Stellfeld, ein Gestapo-Veteran, der Ende des Krieges nach Südamerika geflohen war. Militärberater und Schmuggler von exotischen Tieren und Drogen, arbeitete er auch als Bodyguard und schmuggelte Waffen aus den USA. Unsere 9-Mann-Gruppe stand in direkter Verbindung mit dem Nazi-Hauptquartier von Klaus Barbie.« Nichts war dem Zufall überlassen worden: »Ab der zweiten Hälfte von 1978 hatten wir nur ein Ziel, uns so weit zu organisieren, dass wir im richtigen Moment unsere Schlagkraft unter Beweis stellen konnten«, so der Kenner der »Schwarzen Internationalen« Cioloni. Banzer, Asbún, Busch und die aufstrebende Tiefland-Clique hatten sich bestens für den Übergang zur Demokratie gerüstet.

Ungestört vorbereiten konnten sich die Berufskiller auf dem weitläufigen Privatbesitz von Dr. José Gutiérrez, einer bis heute prominenten Gestalt von Santa Cruz. Am Tag des Putsches machten die Söldner Ernst. In einem Rotkreuz-Wagen rasten die *Novios de la Muerte* zielstrebig zur COB-Zentrale. Hier hatten sich die UDP-Politiker, die mittlerweile vom Umsturz erfahren hatten, versammelt und zum Generalstreik ausgerufen.

Von der Ankunft der maskierten Killer berichtet COB-Mitglied Noel Vásquez: »Wir haben uns alle auf den Boden geworfen. Die Männer in Zivil waren vermummt, hatten Maschinenpistolen und verhielten sich wie wilde Tiere. Wir sollten alle raus. Zuerst haben sie die Funktionäre ausgesondert. Als wir die Treppen runtergestiegen sind, befahl einer von ihnen Marcelo Quiroga Santa Cruz, er solle runterkommen. Als Quiroga den Befehl des Killerkommandos verweigerte, schoss einer der Männer ohne Vorwarnung. Ich näherte mich Quiroga, hob seinen Kopf, er war noch am Leben, blutete aber stark. Später erfuhren wir, dass er tot war.«

Als Energieminister des links-nationalen Militärs Alfredo Ovando hatte Quiroga 1969 die US-Ölfirma Gulf Oil Company verstaatlicht, nun wurden alte Rechnungen beglichen. Zu seinem Unglück hatte der Parteichef der Sozialisten, der gegen General Banzer zudem noch ein Verfahren wegen Korruption und Drogenhandel eingeleitet hatte, schwer verletzt überlebt. Die argentinischen Folterexperten von Delle Chiaie quälten Quiroga grausam zu Tode. Sein entstellter Körper wurde im Valle de la Luna nahe La Paz gefunden.

Auch COB-Chef Juan Lechín Oquendo, der als junger Mann selbst als Minenarbeiter in die Stollen gekrochen war, fiel den Putschisten in die Hände. Die Junta wollte vor allem ein Scheitern des Staatsstreiches wie bei Busch unterbinden. Im TV-Sender 22 wurde der Gefolterte zur Verlesung einer Erklärung gezwungen. »Lasst uns über unsere Probleme und Hoffnungen ein anderes Mal reden, jetzt müssen wir das unnötige Vergießen von Arbeiterblut beenden. Ich fordere darum die Bauern, Arbeiter, das ganze Volk dazu auf: Gebt die Blockaden und den zivilen Widerstand auf!«, flimmerte sein erschrockenes Gesicht über die Bildschirme. Kurz darauf flüchtete der Gewerkschaftler ins Exil.

Die verzweifelte Nachricht des COB-Chefs deutet das Ausmaß der Gewalt an, das auf den Straßen Boliviens von den *Novios de la Muerte* verbreitet wurde. Eilige Massenverhaftungen und Exekutionen linker Politiker erstickten jeden Widerstand im Keim. »Das Experiment Demokratie war an sein Ende gekommen, plötzlich und blutig«, resümiert der Historiker James Dunkerley über den Putsch von 1981. Im brutalen Stile eines Augusto Pinochets in Chile oder Jorge Videlas in Argentinien war Bolivien in Angst und Schrecken versetzt worden.

FEUERTAUFE

Fernab der Machtkämpfe in den Städten lebte Evo Morales Anfang der achtziger Jahre im ländlichen Chapare. Nachdem der Rekrut der Kaserne den Rücken gekehrt hatte, wollten er und die Seinen die Armut in Isallavi nicht länger ertragen. Seite an Seite mit Vater und Mutter hatte Evo auf den Feldern gepflanzt und geerntet. 1980 aber hatte eine Dürre über zwei Drittel der Ernte verdörren lassen, die Hälfte der Lamas und Schafe waren verdurstet. »Danach kam eine fürchterliche Kälte, was die gesamte Produktion und damit unsere letzten Hoffnungen zerstörte, etwas zu essen oder Geld aufzutreiben. Mein Vater war am Boden, traurig wie nie, und meine Mutter machte sich Sorgen und weinte«, berichtet Evo über das Wetterphänomen El Niño, das Boliviens Klima in regelmäßigen Abständen heimsucht. An einem frühen Morgen machten sich Dionisio und Evo auf in Richtung Yungas.

Das von Regen und gutem Boden gesegnete Land an den nebligen Andenhängen des *Departamento* La Paz sollte der Familie vom trockenen Altiplano eine neue Zukunft sichern. Und so sprangen Vater und Sohn auf den Mercedes-Benz-Lastwagen auf, der zweimal die Woche in Isallavi haltmachte, um Fracht und Menschen über das Land zu verteilen. Als die beiden Glückssucher in den Wäldern der Yungas ankamen, wurden sie jedoch bitter enttäuscht. Zu teuer waren hier die Parzellen, den Morales fehlte das nötige Geld. Don Dionisio, von dem Evo den unermüdlichen Charakter, der allen Schicksalsschlägen trotzte, geerbt haben muss, entschied kurzerhand: »Wir werden Land im Chapare suchen.«

Wie 40 000 andere Kokabauernfamilien fanden die Morales in den fruchtbaren Tälern von Cochabamba eine neue Heimat. Auch hier war die Feldarbeit hart, und es gab viel Neues für den jungen Mann aus dem Altiplano zu lernen. Seine erste Begegnung mit der Kokapflanze war schmerzhaft. Tatendurstig wollte der frische *Cocalero* bei der Ernte helfen, mit bloßer Hand umschloss er einen der Äste, um die heiligen Kokablätter mit einem Ruck von den Büschen zu reißen. Doch statt grüner Koka zog Evo seine blutende Hand zu sich, die voll spitzer Stacheln war. Die erfahrenen Bauern auf den Terrassenfeldern fielen vor Lachen fast den steilen Berghang hinab, zu tollpatschig benahm sich der neue Kollege. Was Evo nicht wusste: Alle fünf Meter hatten die Bauern einen Orangenbaum gepflanzt, um die Länge der Reihen besser einschätzen zu können. Und so kam es, dass Evo bei seiner ersten Ernte Orangenblätter statt Koka erntete.

Doch er lernte schnell und passte sich rasch an die ungewohnte Umgebung an. Die Arbeit trug Früchte. »Alles wuchs auf meinem *Cato*, so wie ich es mir nie erträumt hätte. Ich pflanzte Orangen, Grapefruit, Papaya, Bananen und Koka an«, staunte er über die spendable, im Vergleich zum Altiplano paradiesische Natur. Regelmäßig pendelte er seitdem zwischen Chapare und Orinoca hin und her; seiner in Isallavi zurückgebliebenen Mutter, Bruder Hugo, der in Oruro seinen Schulabschluss machte und Schwester Eshter half er, wo er nur konnte.

Im Chapare der *Cocaleros* sollte Evo seine zweite Feuertaufe bestehen. Seine erste überlebte er im Alter von drei Jahren. Aus Protest, dass Schwester Esther ihm kein Essen geben wollte, hatte sich der Dickkopf eines Tages ohne Vorwarnung in die offenen Flammen der Kochstelle geworfen. Noch heute sind die Verbrennungen an Ellbogen und Ohr zu sehen. Zum kindlichen Trotz gesellte sich im Laufe der Jahre eine kritische Haltung gegenüber den Zuständen im Land. Im Militärdienst beobachtete Evo als Wachposten, wie Studenten in einer Nachtaktion *UDP, UDP* und *Soldat, massakriere nicht dein eigenes Volk* an die Mauern der Kaserne im Hauptstadtviertel Miraflores pinselten. Längst hatte der 20-Jährige damit begonnen, die Welt, in der er lebte, mehr und mehr zu hinterfragen.

Entscheidend aber wurde für Morales ein Erlebnis in den dunklen Jahren der Meza-Diktatur. UMOPAR-*Leopardes* hatten einen wehrlosen Kokabauern verhaftet, mit Benzin übergossen und angezündet. Zufällig war Evo vor Ort und schaute wie gelähmt zu, wie die Elitesoldaten lachend dem in Flammen stehenden Mann beim Sterben zusahen. »Dieses Ereignis im Jahr 1981 hat sich für immer in mein Gehirn eingegraben. Das war in Sendavaya, der Bauernzentrale in der Region Chipiriri. Der *Cocalero* wurde von den Soldaten der Regierung García Meza im Alkoholrausch gnadenlos zusammengeschlagen und auf brutalste Art ermordet, nur weil er sich nicht des Drogenhandels schuldig sprechen wollte. Ohne zu zögern, haben sie ihn mit Benzin überschüttet und lebendig verbrannt«, wird Evo 25 Jahre später erzählen.

Evo musste mit ansehen, wie im Antidrogenkrieg Bolivianer gegen Bolivianer kämpften, auf beiden Seiten unterernährte Männer, mal in der Uniform der Armeerekruten, mal Kokabauern in zerschlissenen T-Shirts. Oft schickten die hochrangigen Offiziere die Söhne der *Cocaleros* gegen ihre eigenen Väter und Brüder ins Feld; beide Seiten zitterten vor Angst, eine Kugel könnte den geliebten Verwandten treffen – Männer wie der Rekrut Félix Choque, die sich nach einem Einsatz schwer verletzt im Krankenhaus wiederfanden, weil eine Dynamitstange in ihrer Nähe explodiert war, geworfen von ehemaligen Minenarbeitern, die ihr Recht auf Kokaanbau verteidigten. »Ich habe nichts gegen niemanden, ich wollte eigentlich Lehrer in La Paz werden«, erzählte der junge Wehrdienstleistende, dem Arme und Beine amputiert werden mussten und der den Rest seines Lebens als Bettler auf der Straße verbringen wird, einer Zeitung.

Ob tote Bauern oder tote Soldaten, es waren Aymara und Quechua, die für die Politiker in La Paz und Washington ihr Leben lassen mussten. Choque, Mamani, Yucra oder Picaneray lauten die unbekannten Namen der Opfer des Drogenkrieges. Nachnamen, wie sie die Mehrheit der Bolivianer trägt, an die sich aber keiner erinnern will.

Evo wollte nicht länger wegschauen. »Das war ein schlimmes Verbrechen. Seitdem habe ich mir geschworen, unermüdlich für die Respektierung der Menschenrechte zu kämpfen, für Frieden, für Ruhe auf unserem Land, für den freien Anbau von Koka.«

ALLIANZEN FÜR DEN WIDERSTAND

Auch im Chapare war es der Fußball, der Evo Morales Achtung und Anerkennung verschaffte. In seiner ersten Partie dort fiel der Fußballnarr aus Isallavi sofort auf, nachdem er ein Tor nach dem anderen geschossen hatte. Neugierig auf den unbekannten Goalgetter, besuchten die kickenden *Cocaleros* nach dem Sport Evos Hütte und verbrachten die Nacht bis zum Morgengrauen bei ihrem neuen Freund.

Es ist der Beginn einer langen Kameradschaft und die Geburt von Evos politischer Karriere. Die Sportsfreunde überzeugten den Neuankömmling, in die Gewerkschaft der Siedler von San Fransisco einzutreten. Hier leitete er ab 1981 die Abteilung für Sport und plante wie schon in seiner Jugend Training, Turniere und Mannschaftsfahrten. Und er sorgte dafür, dass die alten Verbindungen zum Hochland nicht abrissen, etwa zu den Minenarbeitern aus dem grauen Catavi, die er zum Wettkampf nach San Francisco einlud. Nach den Spielen, am Lagerfeuer bei *Singani*-Schnaps und Musik, wurden Allianzen zwischen den Bergleuten und Kokabauern geschmiedet, die zersplitterten sozialen Bewegungen rückten in den schwülen Nächten im Chapare immer dichter zusammen.

»Die Anwesenheit der entlassenen Minenarbeiter in den Tropen hat der Bewegung der Kokabauern überhaupt erst zu ihrer Organisationsstruktur verholfen«, erklärt der Soziologe José Mirtenbaum die sich abzeichnende Schlagkraft und Widerstandsfähigkeit der *Cocaleros* gegen die Antikokapolitik des Staates. Die Söhne der Minenarbeiter hatten die soziale Organisation ihrer Väter aus den Bergwerken nicht vergessen und in das neue Umfeld übertragen. Die pyramidenförmige Untergliederung in *Sindicatos, Centrales, Federaciones* und *Confederaciones* war ein Erbe der Revolution von 1952, als die siegreiche MNR ein Modell des Staatskapitalismus eingeführt hatte, das den Arbeitern in den Staatsbetrieben Mitspracherechte einräumte.

In den kommenden zwei Jahrzehnten sollte die wachsende Allianz aus Bergleuten und Kokabauern dem politischen Geschehen in der Hauptstadt La Paz immer gefährlicher werden. Die neoliberale Regierung Paz Estenssoro und ihre Nachfolger bis 2003 hatten zwar die staatlichen Betriebe wie COMIBOL zerschlagen und privatisiert, es war ihnen aber nicht gelungen, den gewerkschaftlichen Zusammenhalt der bolivianischen Arbeiterschaft zu zerstören. Die Geschäfte der *Cocaleros* liefen gut, sie hatten ausreichend Geld, eine organisierte Basis, und der unübersichtliche Dschungel des Chapare bot genügend Nischen, um Pläne zur Umsetzung eines selbstbestimmten Lebens zu schmieden.

Wie vordem in den Minenstädten der Anden kamen die Männer, und erstmals auch Frauen in großer Zahl, in Versammlungen zusammen. Während der oft tagelangen Diskussionen wurden Posten verteilt, Konflikte, die das Land betrafen, gelöst, Straßenblockaden und Protestmärsche gegen die Regierung von der Basis beschlossen. Das tropische Tiefland hatte nach dem Massenzuzug mit einem Mal eine eigene Gewerkschaft. In den Tälern von Cochabamba wuchs die Föderation des Chapare zu einer unüberhörbaren Kraft im Andenland heran.

In den dichten Wäldern der Provinz vom Staat unbeobachtet,

organisierten die Gewerkschaftler alle Bereiche ihres Alltags: vom Vertrieb ihrer Kokaproduktion über den Bau von Schulen bis hin zu Aktivitäten wie Sport, Musik und Volksfeste. 1982 erhielten die Kokabauern mit der Nationalen Vereinigung der Siedler (CSCB) ihren eigenen Gewerkschaftsdachverband im Schoße der allmächtigen COB, doch emanzipierten sich die *Cocaleros* durch den Antidrogenkrieg als unabhängiger Akteur, so dass sich die auf 30 *Sindicatos* angewachsenen Bauernverbände der sechs *Federaciones* (Yungas, Chapare, Tiraque, zwei in Carrasco, Entre Ríos) zur Jahrtausendwende in einer schlagkräftigen »Koordination« zusammenschlossen. Im COB wurden die *Cocaleros* ihrer Kampfbereitschaft wegen zur Speerspitze der Rebellion, man übertrug ihnen wichtige Funktionen.

Evo Morales war die Gewerkschaftsleiter schnell emporgeklettert. Nach einer zweijährigen Pause vom politischen Leben, 1983 war Vater Dionisio gestorben, wurde er 1985 zum Generalsekretär seines *Sindicato* gewählt. Drei Jahre später, zum Zeitpunkt der Verabschiedung des Antikokagesetzes Nr. 1008, ernannten ihn seine Genossen schließlich zum Vorsitzenden der *Federación del Tropico* im Chapare.

Die »Neue Wirtschaftspolitik« (NEP) Paz Estenssoros und der Antidrogenkrieg Washingtons hatten geradezu schicksalhaft den Widerstand in Bolivien geschürt und den Weg für die Wahl des ersten indigenen Präsidenten geebnet. Seit seiner Ankunft im Chapare war aus dem Lamahirten, Fußballspieler und Trompeter der Politiker Evo Morales geworden. Morddrohungen, Verfolgung und Haft hatten die Entschlossenheit des schwarzhaarigen, breitschultrigen und leicht untersetzten Mannes aus Orinoca nur befördert. COB-Intellektuelle wie der aus dem Exil zurückgekehrte Juan Lechín Oquendo und Bergarbeiterführer Filemón Escobar waren in den Neunzigern zu einflussreichen Beratern der *Cocaleros* geworden. Von ihnen erhielten Evo und seine Mitstreiter Privatunterricht in den Ideen vom Klassenkampf und Antiimperialismus.

Bisher hatte Evo allein für die Interessen der Kokabauern gekämpft. Über die Liste der Vereinigten Linken (IU) schickten die *Cocaleros* 1993 erstmals eigene Abgeordnete ins Parlament, darunter auch Evo, der sich in La Paz mit drei anderen »parlamentarisch unerfahrenen« Delegierten eine kleine Wohnung teilte. Die Notwendigkeit nach einem eigenen politischen Instrument wurde immer offensichtlicher angesichts des nicht abnehmenden Drucks der Regierung auf die Kokabauern. 1996 wurde Evo Gewerkschaftschef aller *Cocaleros*. Allen war klar geworden, dass etwas Neues in Bewegung gekommen und die Zeit reif war, das politische Projekt eines gerechten Boliviens vom Dschungel Cochabambas auch in das Tiefland des Amazonas und die weiten Ebenen des Altiplano zu tragen.

»Ab jetzt verteidigen wir unsere Bodenschätze, die Rechte der Armen und Ausgebeuteten, die Tausenden Arbeiter und Arbeitslosen, wir kämpfen für eine Neugründung unseres Vaterlandes, für die Verteidigung der nationalen Souveränität und das Leben selbst«, lautete Evo Morales Kampfansage, als er 1997 mit der Gründung der Bewegung zum Sozialismus dazu ansetzte, die nationale Politbühne mit einer eigenen Partei zu erobern. Auf Anhieb gewann der allerorts bekannte *MASista* bei den anschließenden Wahlen seinen Wahlkreis in Cochabamba mit 70 Prozent und zog zum zweiten Mal als Abgeordneter ins Parlament ein. Evo, der *Super Cocalero*, war zur Symbolfigur der Armen, Indigenen und an den Rand Gedrängten in ganz Bolivien geworden. Er blieb nicht mehr nur der Verteidiger der Kokapflanze, unter seiner Regie sollte der Ausverkauf aller natürlichen Reichtümer Boliviens ein für alle Mal ein Ende finden.

7. COCHABAMBA VS. BECHTEL

»Das war die Sicht wohlhabender Leute aus Washington, denen 30 US-Dollar mehr auf der monatlichen Wasserrechnung nichts ausmachten. Für viele Familien in Cochabamba, die nur das Mindesteinkommen von monatlich 48 US-Dollar haben, war der Preisanstieg eine totale Katastrophe.«

Oscar Olivera, Aktivistenführer im Wasserkrieg

Es war im Sommer 1999, als die Weltbank einen kaum beachteten Bericht über die Wasserversorgung einer Stadt herausgab, deren Name Cochabamba bisher wohl den wenigsten auf der Welt bekannt war. Um die Wasserpreise für die über 1,5 Millionen Konsumenten bezahlbar zu halten, so argumentierten die Experten aus Washington, sei eine Privatisierung der städtischen Wasserwirtschaft unumgänglich. Die Verwaltung durch die öffentliche Hand sei »korrupt und ineffizient«. Zudem müssten die Menschen in den Entwicklungsländern über ein »adäquates Bezahlsystem« dazu angehalten werden, nicht so »verschwenderisch« mit dem kostbaren Nass umzugehen. Kurzum, neue Rezepte müssten her.

Die Weltbank, deren Chef seit jeher vom US-Präsidenten ernannt wird, wie auch die Interamerikanische Entwicklungsbank (IDB), der größte Geldgeber des Kontinents, vergaben ihre Kredite in der Hochphase des Neoliberalismus Ende der achtziger Jahre bis Anfang 2000 einzig unter der Bedingung, dass der Kreditempfänger den Staat verschlanke und auf Privatisierung und Deregulierung setze.

Seit zehn Jahren galt auf dem ganzen Kontinent der *Washington Consensus*. »Stabilisiere, privatisiere und liberalisiere!«

war den Wirtschaftslenkern und Technokraten von Brasília bis Mexiko-Stadt als ultimativer Rat gegeben worden. Unter kaum verhehlter Androhung, man werde den hoch verschuldeten Staaten des Südens bei Nichtbefolgung den Geldhahn abdrehen, hatten die Ökonomien des Subkontinents jenem »Mantra des Freihandels« zu gehorchen, kritisiert im Rückblick Dani Rodrik, renommierter Harvard-Wirtschaftsprofessor, das makroökonomische »Fitnessprogramm für Entwicklungsländer«.

Über jeden Selbstzweifel erhaben, erklärte Wirtschaftswissenschaftler John Williamson, der dem epochemachenden Begriff des *Washington Consensus* durch seine Veröffentlichungen erst zu seinem Durchbruch verholfen hatte, dass sein Programm beim »Musterschüler« Bolivien »wie eine Bombe« einschlagen werde. Die »Neue Wirtschaftspolitik« Paz Estenssoros und das Dekret 21060 hatten das Andenland in ein Experimentierfeld von Weltbank und IWF umgekrempelt, die bei der »Umstrukturierung« von Staatsunternehmen, Steuer- und Bankwesen, Gesundheits- und Rentensystem, Justiz, Versicherungen und Bildung Ton und Tempo vorgaben.

Unter tatkräftiger Beihilfe der heimischen Wirtschaftselite, die sich als kleine Anteilseigner mit den Krümeln zufriedengaben, hatten sich Paz Estenssoros Nachfolger seit 1986 weiter darangemacht, Bolivien auszuschöpfen. Von Fluglinien über Elektrizitätswerke und Telefonfirmen bis zu Bergbau- und Ölunternehmen war so binnen weniger Jahre das Porzellan und Silberbesteck der bolivianischen Wirtschaft an die Multis aus Europa und Nordamerika verscherbelt worden. Im Gegenzug bekam das Land von Weltbank und IWF teilweise die Schulden erlassen, nur um gleichzeitig neue Kredite zu gewähren, so dass die Schuldenspirale Bolivien weiter unmerklich die Luft zum Atmen abschnürte.

Dieses Gnadenbrot war nur ein schwacher Trost, von dem bei der Bevölkerung wenig ankam. Das Versprechen einer stabilen Wirtschaft war zur Enttäuschung aller unerfüllt geblieben. Stattdessen ging es mehr denn je ums reine Überleben.

70 000 Jobs waren gestrichen worden, empfindlich viel bei einer Bevölkerung von zehn Millionen. Die Not hatte Hunderttausende in die Schattenwirtschaft getrieben, die auf einem Höchststand angelangt war.

Wer eine reguläre Stelle hatte, für den hatten sich die Arbeitsbedingungen dramatisch verschlechtert. Das Streikrecht war quasi abgeschafft worden, und Artikel 55 des Arbeitsrechts erlaubte es Fabrikanten nun, einen Streikenden durch Neuanstellungen für drei Monate aus dem Job zu drängen, ohne ihm den entstandenen Lohnausfall zu ersetzen.

Auch wenn der Unmut über die ausgebliebene Verbesserung der Lebensbedingungen stetig wuchs, wurde Bolivien weiterhin von den Gewinnern jener neuen Marktwirtschaft regiert. Und die drängten zur Eile. Blindlings hatten die *Spin-Doctors* des Neoliberalismus noch mehr Markt und noch weniger Staat verordnet.

1999 fiel das Los auf Cochabamba. Die viertgrößte Stadt Boliviens war Mitte des 16. Jahrhundert während des Silberbooms von Potosí gegründet worden und versorgte die blühende Bergbaumetropole des spanischen Kolonialreiches mit Früchten, Kartoffeln und vor allem Mais, woraus noch heute die bittersüß-gärige *Chicha*, das traditionelle Bier der Anden, gebraut wird. Ihren Namen »Kucha Pampa«, was in Quechua »sumpfiges Gebiet« bedeutet, verdankte die Gegend den vielen kleinen Seen und Lagunen, die Cochabamba bis zum rasanten Bevölkerungsanstieg Anfang der achtziger Jahre infolge des Zinncrashs zu einer immergrünen Oase machten.

Schon zu Inkazeiten war das fruchtbare Land darum ein zentraler Siedlungsort, aus den Gletscherseen in den nördlichen und südlichen Anden floss das Wasser hinab ins Becken von Cochabamba. »Die Inka sind als ein ökonomisches, politisches, religiöses und verwaltungstechnisches Modell zu verstehen, an dem Kulturen aller Art mit eigenen Sprachen, Gewohnheiten, Traditionen und Religionen teilhatten«, berichtet der Archäologe David Pereira über das traditionsreiche Cochabamba, das viele Völkerschaften hat kommen und gehen sehen. Die ersten Bewohner seien Cotas und Chuis gewesen, die sich über das 25 mal 10 Kilometer breite Tal verstreuten. »Vielleicht lautet der ursprüngliche Name wegen der Cotas auch Cotabamba, was die Quechuas wegen der Seen und überschwemmten Gebiete in Cochapampa umtauften, und woraus das Spanische im 17. und 18. Jahrhundert Cochabamba machte.«

Auch zu Beginn der achtziger Jahre hatte die Zinnkrise die über Nacht entlassenen Minenarbeiter und ihre Familien vom Hochland nach Cochabamba gespült. Lastwagen um Lastwagen hatten Wirtschaftsflüchtlinge wie Evo Morales und ihre Familien in das gemäßigte Klima von La Llajta gekarrt, wie die Bewohner Cochabambas ihre Heimat zu nennen pflegen. An den Berghängen im Süden und Norden des Tals bauten sie zu Tausenden ihre Hütten aus Stroh und Lehm. 1950 lebten in der auf luftdünnen 2600 Höhenmetern gelegenen Stadt nur 75 000 Menschen. 1976 waren es schon 200 000, im Jahr 2000 mehr als eine halbe Million Einwohner, eine weitere Million lebt im gesamten Talkessel. In dem war es mit der Zeit zunehmend enger geworden. Wo früher Wälder die Hänge begrünten, Schafe, Schweine und Kühe grasten, waren innerhalb kürzester Zeit endlose Armensiedlungen aus dem Boden geschossen, in denen es weder Strom noch Gas noch Telefon gab.

Doch auf Wasser konnten die Menschen nicht verzichten, die Nachfrage nach dem kostbaren Nass war explodiert. Gleichzeitig wurde durch den Massenzuzug das Ökosystem des Tals stark in Mitleidenschaft gezogen. Die Abholzung der Wälder verursachte ein Austrocknen der vormals grünen Hänge, die einst wie ein schützendes Band um das Tal gelegen hatten. Der Wind, der vom Altiplano ins Tal herunterweht, verteilt seitdem ungehindert den grauen Staub der Erde auf die Straßen und Höfe der *Cochabambinos*, die jeden Morgen und Abend penibel Kleider, Schuhe und Plätze mit Besen und Wasser vom störenden Pulver befreien. Unangenehm knirscht der Staub, der neben dem guten Essen zum unverkennbaren Markenzeichen Cochabambas geworden ist, zwischen den Zähnen und verstopft die trockene Nase.

KOSTBARES NASS

Wasser ist eine Frage von Leben und Tod. Eines von 20 Kindern stirbt in Bolivien noch vor dem Kindergartenalter. Durchfall als eine der häufigsten Todesursachen ist dem Mangel an sauberem Trinkwasser geschuldet. Außerhalb der Stadt, wo Wasserhähne unerreichbarer Luxus sind, verbraucht eine Familie gerade einmal zehn Liter Wasser am Tag. Mühsam muss das knappe Element zum Kochen, Trinken und Waschen in Eimern herangeschleppt werden. Die schwere Aufgabe, den langen Fußweg zu den Flüssen oder öffentlichen Wasserstationen auf sich zu nehmen, fällt den Frauen und Mädchen zu.

Die neuen Bewohner Cochabambas Anfang der achtziger Jahre waren Männer der Tat. Auf eigene Faust bohrten sie das Grundwasser an, das im Tal nur wenige Meter unter der Oberfläche fließt. Diejenigen, die sich eigene Brunnen nicht leisten konnten, waren auf Zisternenwagen angewiesen, die das Wasser für teures Geld verkauften und tagtäglich durch das Labyrinth unasphaltierter Staubpisten der Armenviertel ruckelten. Die Ärmsten der Armen, bei denen es nicht einmal für das Wasser auf Rädern reichte, schickten wie gehabt Ehefrauen und Töchter mit Eimern los.

Ende der Sechziger hatte die IDB einen Millionenkredit für die Gründung des Kommunalen Dienstes für Wasser und Kanalisation (SEMAPA) ausgeschüttet, der vom jeweiligen Bürgermeister der Stadt geleitet wurde. Auch er fiel dem Geldhunger der alteingesessenen Oberschicht zum Opfer. Wie in einem Selbstbedienungsladen schob sich der Vorstand die begehrten Führungsposten hin und her und stellte schamlos überteuerte Scheinrechnungen für Neuanschaffungen aus, um sich die Differenz ohne Skrupel in die eigenen Taschen zu stecken. Korruption und der illegale Verkauf von Gerätschaften hatten bis 1997 dazu geführt, dass zwar 90 Prozent der wohlhabenden Stadtteile über Wasser und Rohrleitungen verfügten, in den Armenvierteln aber nicht einmal die Hälfte der Haushalte in den Genuss von Wasserhähnen und Toilettenspülungen kam.

Auf diese unhaltbaren Zustände hin, längst unterschied man in Cochabamba zwischen »denen mit Wasser« und »denen ohne Wasser«, wurden unabhängige Wasserkomitees gegründet. Hunderte dieser *Comités Independientes de Agua* begannen erneut damit, Brunnen zu bohren und auf eigene Kosten Rohre und Kanäle zu verlegen. In der Tradition indigener Organisation berieten die Bewohner der Elendsviertel gemeinsam, wie die knappe Ressource in der Gemeinschaft am besten zu verwalten sei. Zwei Jahre galt der Verwaltungsentscheid eines solchen Komitees, dann wurde neu gewählt. Mit Geld oder eigenem Engagement musste jedes Mitglied zum Ausbau der Wasserversorgung etwas beisteuern. 80 Prozent der Barmittel wurden zum Kauf der Wasserpumpen und des Stroms verwendet, 20 Prozent für Reparaturen. Für Verwaltungsangelegenheiten wurde je nach Bedarf eine Stelle mit kleinem Lohn geschaffen. Zwischen den Bewohnern der Armenviertel schufen die Wasserkomitees einen überaus starken Zusammenhalt.

EIN FAULES GESCHÄFT

Zur Jahrtausendwende sollte in Cochabamba Tabula rasa gemacht werden. Bereits 1996 verkündete Cochabambas Bürgermeister und Adept der US-amerikanischen Militärakademie School of the Americas Manfred Reyes Villa, dass ein Notkredit für den von den eigenen Leuten heruntergewirtschafteten SEMAPA nötig sei. 14 Millionen US-Dollar im Tausch gegen die Privatisierung der Wasserwerke. Reyes, wegen seiner teuren Bestechungsgeschenke an seine Verbündeten auf »El Bonbón«

getauft, sollte später einer der schärfsten Widersacher von Evo Morales werden; als Präsidentschaftskandidat scheiterte er mehrfach.

Im Juni 1997 kam Präsident Banzer aus Beratungsgesprächen in Washington zurück und gab stolz bekannt, dass die Auslandsschuld Boliviens um 600 Millionen US-Dollar erleichtert werde. Was er nicht sagte, war, dass die Weltbank das Gnadengeschenk an die weitere Privatisierung Boliviens knüpfte. Dieses Mal sollte die Wasserwirtschaft ausgesetzt werden.

Jeder Kritik am Sinn und Nutzen der Privatisierung wurde mit zynischer Geschichtsvergessenheit begegnet. »Wenn Sie wirklich an den Armen interessiert sind und wollen, dass sie Wasser bekommen, was, denken Sie, ist der beste Weg dahin?«, fragte man etwa in einem Interview bei John Briscoe, Weltbank-Beauftragter für Wasser, nach. Seine Antwort überrascht kaum: »Das ist eine Frage der Praxis, nicht der Moral. Zu erklären, Wasser sei Eigentum des Volkes und müsse im Interesse des Allgemeinwohls öffentlich verwaltet werden – das hatten wir seit Jahrzehnten, und es funktioniert nicht«, erklärt der Weltbankier den Bock zum Gärtner.

Im Frühjahr 1999 war es so weit, die Regierung Banzer gab den Startschuss für die »wettbewerbsfördernde« Ausschreibung um das Wasser von Cochabamba. Interessanterweise ging nur ein einziges Angebot der bisher unbekannten Firma Aguas del Tunari ein. Das Unternehmen hatte sich hinter Lokalkolorit zu kaschieren versucht und sich dafür beim 5000-Meter-Gipfel Tunari bedient, der weit sichtbar über dem Tal von Cochabamba trohnt. Der Firmensitz war weit weg vom Geschehen im sicheren Steuerparadies der Kaimaninseln.

Denn die Öffentlichkeit durfte nicht wissen, dass das Wasser ans Ausland verkauft werden sollte. Die Mehrheit der eigens für das Cochabamba-Geschäft gegründeten Aktiengesellschaft war in der Hand des US-Multis Bechtel, der über seine Tochterfirma International Water Limited (IWL) gemeinsam mit der italienischen Edison 55 Prozent der Anteile kontrollierte. Den Rest der

Wertpapiere hielten die uruguayische Rivestar und vier Firmen aus Bolivien, darunter der Zementmonopolist SOBOCE, dessen Besitzer bis heute Samuel Doria Medina ist.

Wie schon Minenbesitzer und zweimaliger Präsident Sánchez de Lozada zeigt auch die Figur Doria Medina, dass Staat und Wirtschaft in Bolivien als siamesische Zwillinge auftreten. Während der Regierung von Jaime Paz Zamora hatte der Sohn eines Schokoladenfabrikanten und Absolvent der London School of Economics auf dem Chefsessel des Planungsministeriums gesessen. Jetzt direkt am Geschäft mit dem Wasser beteiligt, konsolidierte der Politiker-Unternehmer während Zamoras Amtszeit die Privatisierung der bolivianischen Wirtschaft. Nach getaner Arbeit heuerte der MIR-Politiker in Weltbank und IDB als Berater an, um später mit seiner eigenen Partei Nationale Einheit (UN) gegen die Regierung Morales Opposition zu machen.

Auch bei Bechtel liegt die Verfilzung offen auf der Hand. Mit 31 Milliarden US-Dollar Jahresumsatz zählt es zu den zehn größten US-Privatunternehmen. Bechtel nimmt unmittelbar Einfluss auf die US-Politik. So wurde Generaldirektor Caspar Weinberger Verteidigungsminister unter Präsident Ronald Reagan, und George Shultz, Reagans damaliger Außenminister, ist Mitglied des Firmenvorstands. Cochabamba war für Bechtel, das in den Vereinigten Staaten den Hoover-Staudamm, das Straßensystem von Kalifornien und die Untertunnelung Big Dig von Boston gebaut hat, sicher nur ein kleiner Krümel. Vom Andental mit der auf gedeihliche Zusammenarbeit erpichten Regierung erhoffte sich das Unternehmen einen gelungenen Einstieg in den weltweit umkämpften Wassermarkt, nachdem die Lobby der Wasserfirmen, der »Weltwasserrat« (WWC), das »blaue Gold« auf ihrem Kongress in Marrakesch 1997 zur frei handelbaren Ware erklärt hatte.

Wenn Politik und Wirtschaft an einem Strang ziehen, werden in dem sonst als träge geltenden »politischen Geschäft« erstaunlich schnelle Resultate erzielt. Nach für den Umfang des Geschäfts erstaunlich kurzen Gesprächen hinter verschlossenen Türen waren sich die Regierung Banzer und Aguas del Tunari unter Federführung der US-Amerikaner von Bechtel reibungslos einig geworden.

Am 3. September 1999 knallten die Sektkorken, der verhängnisvolle Vertrag war unterschrieben. Was der genaue Inhalt des 214 Seiten dicken Abkommens war, wurde lange wie ein Staatsgeheimnis gehütet. Erst im Februar 2000 kam ein kritischer Abgeordneter an eine Kopie der Vereinbarung heran und spielte sie den Gegnern von Bechtel und Banzer zu. Die Analyse durch die eigenen Anwälte brachte den ganzen Skandal des Deals ans Tageslicht.

Per Lizenz und für 40 Jahre hatte der Staat den Geschäftemachern das Wasser der 1,5 Millionen *Cochabambinos* übertragen, bis 2039 gab es eine Gewinngarantie von jährlich 16 Prozent obendrauf. Am Ende des Jahres würden sich die Preise zudem am Verbraucherindex in den USA orientieren, so der Vertrag, der sich über die Pflichten des Unternehmens oder die Rechte der Verbraucher ausschweigt. Jedem Experten, der von »Effizienzsteigerung« und »Wasser für die Armen« gesprochen hatte, musste klar sein, dass die garantierten Gewinne einzig und allein aus den Taschen der Verbraucher auf die ausländischen Bankkonten fließen konnten.

Als am Tag der Vertragsunterzeichnung die ersten aufgebrachten Stimmen protestierender Bürger zu den noblen Feierlichkeiten in der Präfektur von Cochabamba drangen, wusste Präsident Banzer die von weither angereisten Geschäftspartner mit einem »Ich bin an diese Art der Hintergrundmusik gewohnt« zu beruhigen. Das nahm ihm jeder ab, hatte er als Diktator neben den bekannten Gräueltaten gegen die Opposition schließlich auch jede Art der Gewerkschaft in Bolivien verboten.

Doch die ließen sich den Mund jetzt nicht mehr verbieten und machten mobil. Aus dem dritten Stock ihres Gewerkschaftsbüros entrollten die Verteidiger des Wassers ein riesiges

Spruchband. Die auf roten Stoff geschriebenen Worte, gegenüber der Präfektur für alle politischen Verantwortlichen zu lesen, wurden zum Schlachtruf Zehntausender: »Das Wasser gehört uns, *Carajo*!«

Damit war der Wasserkrieg von Cochabamba erklärt. Die ersten Proteste, die gegen die Privatisierung des Wassers aufflammten, wurden nicht auf der Plaza 14 de Septiembre im vornehmen Stadtzentrum erhoben, vielmehr begann die Welle des Widerstandes sich langsam und unaufhaltsam im nahen Umland Cochabambas aufzutürmen.

Vor der Stadt lag ein unüberschaubares Netz aus Bewässerungskanälen, die das Wasser von den zahlreichen Flüssen und Bächen, welche die Hänge hinab ins Tal strömten, in kleinen, handgebauten Bewässerungsgräben aus Stein oder Beton zu den Äckern der Bauern umleiteten. In der Mehrheit Gemüsebauern, die eine sehr bewässerungsintensive Landwirtschaft betrieben, hatten sich die Landarbeiter in der Interessengemeinschaft *Federación de Regantes* zusammengeschlossen. Sie waren es, die als Erste gegen den Verkauf des Wassers auf die Barrikaden gingen.

Im November 1999 wendeten sie eine kluge Taktik an und errichteten an den wichtigsten Verkehrsadern überraschend Straßenblockaden, so dass Cochabamba einen ganzen Tag komplett von der Außenwelt abgeschlossen blieb. Noch bevor die Polizei anrücken konnte, wurde zum Rückzug geblasen. »Wir wollten damit herausfinden, wie groß unsere Kampfkraft ist«, erklärt Omar Fernández, Vorsitzender der *Regantes*, in einem Interview mit Jim Shultz, der als einziger ausländischer Journalist vor Ort über die turbulenten Ereignisse der kommenden Wochen berichtete. »Wir bemerkten, dass die Leute schnell handeln wollten, im kleinen Ort Vinto wurde die Überlandstraße sogar 48 Stunden blockiert.«

Zu diesem Zeitpunkt hatte die Regierung Banzer den Bogen endgültig überspannt: Nur wenige Tage nach der Vertragsunterzeichnung mit Aguas del Tunari war in La Paz das Wassergesetz

Nr. 2029 in unheiliger Allianz der traditionellen Parteien MNR, ADN und MIR durch das Parlament beschlossen worden.

Dabei war das Wasser seit Inkazeiten Allgemeingut und als lebenspendendes »Blut der Erde« heilig. Gemeinsam verwaltet, gehörte es niemandem und allen. Von nun an sollte die traditionelle Nutzung des Wassers für die Bauern kein Recht mehr sein, stattdessen wurden alle Quellen und Flüsse Aguas del Tunari überschrieben. Mit einem einzigen juristischen Federstrich war die Lebensgrundlage eines ganzen Tals zur Ware gemacht.

Mit aller Macht wollte die Regierung die Organisationsstrukturen der verarmten Massen auflösen. Das Gesetz Nr. 2029 erklärte die Wasserkomitees für illegal, unkontrollierte Wasserentnahme wurde zu Diebstahl. Leitungen, Rohre, Wasseranschlüsse und Brunnen, von den Bewohnern der Armenviertel mit eigenen Mitteln und hohem Zeitaufwand eingerichtet, gingen ohne Entschädigung an die neuen Eigentümer über. Selbst für Brunnen auf dem eigenen Hof galt diese Form der Enteignung. Sogar der Regen war an Bechtel verkauft worden. Wörtlich verbot das Gesetz Nr. 2029 den Bauern, Regenwasser in Tanks aufzufangen und für den eigenen Gebrauch zu verwenden. »Das alles hatten wir doch mit unseren eigenen Händen aufgebaut«, erzählt Abraham Grandydier, Vorstand eines Wasserkomitees und eine der lautesten Stimmen gegen die Privatisierung. »Unsere Wassertanks, Brunnen und Rohrleitungen mussten wir doch verteidigen.«

Zuallererst traf das Wassergesetz die *Regantes* vom Land, da die Regierung in einem ersten Schritt das ausgedehnte Bewässerungssystem unter ihre Kontrolle bringen wollte. Doch es war nur eine Frage der Zeit, bis auch die Wasserpreise in der Stadt anstiegen. Unverständnis mischte sich mit Wut. »Wie können sie uns Geld für unser eigenes Wasser abknöpfen, bald müssen wir noch für die Luft bezahlen«, empörten sich die Betroffenen. Um eine aussichtsreiche Rebellion gegen den Wasserskandal zu entfesseln, gründeten Bauern, Gewerkschaftler und Bewohner aus den Armenvierteln die »Koordinierungsstelle für die

Verteidigung des Wassers und des Lebens«, die weit über die Landesgrenzen bekannt werden sollte. Es war eine Angelegenheit von Stadt und Land.

»Die *Coordinadora* war mehr als nur der simple Kampf ums Wasser. Ihre Führer sahen sie als Antwort auf das, was sie als ein totales Scheitern der örtlichen Institutionen betrachteten, die doch eigentlich die öffentlichen Interessen zu vertreten hatten«, analysiert Jim Shultz die Empörung über die Schamlosigkeit der Oberschicht von Cochabamba. Die stand voll und ganz hinter Banzer und Bechtel; Bürgermeister Reyes Villa und der vom lokalen Unternehmertum dominierte Bürgerausschuss *Comité Civico* waren glühende Verfechter des Verkaufs der städtischen Ressourcen.

In den achtziger Jahren hatten dieselben Familien, die, abgeschirmt von Staub und Lärm, in Cochabambas abgelegenem Nobelviertel Las Nubes residieren, auch die Privatisierung von Lateinamerikas ältester Fluglinie Lloyd Aéreo Boliviano (LAB) betrieben. Mit 2000 Angestellten einer der wichtigsten Arbeitgeber im Land, war LAB 1995 dem *Washington Consensus* zum Opfer gefallen. Im Sinne der propagierten Effektivitätssteigerung wurde das rentable Staatsunternehmen in ein Aktienunternehmen verwandelt, zerstückelt und an Dutzende Unternehmen verkauft. Zehn Jahre später war die einst gesunde LAB bankrott. »Die Airline wurde von Dieben gemanagt, die haben sie auseinandergenommen und dann verkauft, verkauft, verkauft«, berichtet Jacamo Urresti, LAB-Pilot und langjähriges Mitglied der Pilotengewerkschaft, über die Geschäftspraktiken der von Weltbank und IWF gehätschelten *Stakeholders*. Tragfähig in die Privatisierung gestartet, landete LAB hart auf einem Schuldenberg von 140 Millionen US-Dollar. Heute versucht die MAS-Regierung der zugrunde gerichteten Staatsfluglinie mit Steuergeldern wieder Wind unter den Flügeln zu machen. Die Verantwortlichen von damals sind die Opposition von heute. Ihnen bescherte der Ausverkauf ein bequemes Leben.

Anders erging es der großen Zahl der *Cochabambinos*. Aguas

del Tunari hatte die ersten Rechnungen verschickt. Ein Schock! Um 20 bis 200 Prozent waren die Wasserkosten in die Höhe geschossen. Ein Rentner oder Lehrer, der mit 80 US-Dollar im Monat über die Runden kommen musste, sollte statt wie gewohnt zehn auf einmal 20 US-Dollar zahlen. Das Durchschnittseinkommen in Cochabamba lag bei 60 US-Dollar, wer konnte sich da noch einen Tee oder Wäschewaschen leisten. Im Schnitt ein Viertel der Monatsgehälter sollte bis 2039 für die Wasserkosten ausgegeben werden.

Zur Verwunderung aller war auch der Wasserverbrauch drastisch angestiegen. Von fünf Kubikmetern auf 20, obwohl die Menschen die gleiche Menge beanspruchten und in einigen Fällen sogar nur zwei Tage die Woche Wasser aus den Hähnen kam. Aguas del Tunari störte die Unregelmäßigkeiten wenig. Eine Erklärung für die Preisexplosion blieb aus, die neuen Herren des Wassers stellten sich taub. Nur um zehn Prozent seien die Preise für die Ärmsten der Stadt gestiegen, was vertretbar sei. Eine Analyse des Democracy Center auf Grundlage von Bechtel-Daten enthüllte hingegen einen Preisanstieg um 43 Prozent.

NICHT MIT UNS!

Am 11. Januar 2000 kulminierte die Empörung über den rücksichtslosen Betrug. Die *Coordinadora* setzte auf die bewährte Blockade von Zufahrtsstraßen, mit Steinen und Baumstämmen hatten die *Regantes* die einzigen beiden Ausgänge im Süden und Osten des Tals besetzt. Die Forderungen lauteten: Annullierung des Wassergesetzes und Überarbeitung der Tarife. Auch die Stadt war mitgezogen, Familien verließen geschlossen ihre Häuser, um sich an den Protesten zu beteiligen. Von jetzt auf gleich war in den engen Gassen Cochabambas ein unüberwindbarer Teppich aus Pflastersteinen, Glasscherben und Nägeln gelegt worden. »Auf unserem Rücken soll sich keiner mehr bereichern«, protestiert Oscar Olivera in seinem Buch *Cochabamba* gegen die »perverse Diktatur der Privilegien und Geldinteressen«. Der erfahrene Gewerkschaftler und *Coordinadora*-Sprecher resümiert: In jeder Hinsicht sei »die Regierung den Wünschen des transnationalen Kapitals gefolgt und hat gegen uns auf Konfrontation gesetzt«.

Es geht im Kampf um das Wasser auch ums Prinzip. »Werden die Belange der Bevölkerung bei Entscheidungen überhaupt in Erwägung gezogen, oder gibt man sich hier mit dem zufrieden, was internationale Finanzinstitutionen vorschreiben?«, fragt Olivera nach der fehlenden Mitbestimmung. »Die Transnationalen haben unsere Flughäfen, Schienen, Straßen, Telekommunikation, Öl und Gas, Fabriken und Land gestohlen«, bringt der Aktivist das ungute Gefühl auf den Punkt, das 15 Jahre »Neue Wirtschaftspolitik« bei den meisten Bolivianern hinterlassen hat.

Die Blockade der *Coordinadora* war anders als die gewöhnlichen Bürgerstreiks, zu denen in Bolivien gegriffen wird, wenn es gegen die Zentralregierung in La Paz geht. Gleichen die *Paros Cívicos* eher einem Feiertag, an dem die ganze Familie über autofreie *Avenidas* schlendert oder Fahrradtouren unternimmt, so herrschte während des Generalstreiks im Januar 2000 der Ausnahmezustand. Drei Tage lang blieb Cochabamba hermetisch abgeriegelt. Der Flughafen wurde geschlossen, der Verkehr der Überlandbusse war zum Erliegen gekommen. Tausende Demonstranten hatten bereits die mit haushohen Palmen bepflanzte Plaza 14 de Septiembre überschwemmt. Zu den *Regantes* gesellten sich Fabrikarbeiter, pensionierte Gewerkschaftler, Händler und Straßenverkäufer, viele von ihnen ehemaligen *Mineros*.

Am furchtlosesten bei den Straßenschlachten der kommenden Tage sollte sich die wachsende Schar obdachloser Kinder herausstellen, die seit der dramatischen Verschlechterung der wirtschaftlichen Lage zu Hunderten unter Brücken, in Abwasserkanälen und Kartonhütten hausten. »Die ärmsten Jungs waren immer ganz vorn, warfen Steine auf die Polizisten. Sie waren das Kämpfen gewohnt, ignoriert, an den Rand gedrängt, herumgeschubst. Ihr Überleben war ein Kampf. Sie haben uns Mut gegeben, weiterzumachen«, berichtet ein Anwohner. Eine brenzlige Stimmung lag in der dünnen, verstaubten Andenluft.

Den lauten Aufschrei einer ganzen Stadt konnte La Paz nicht länger ignorieren. Am 13. Januar waren die Minister für Wirtschaft und Handel angereist, um mit der *Coordinadora* Gespräche aufzunehmen. Als die Polizei die Demonstranten, die sich vor der Präfektur versammelt hatten, mit Tränengas und Schlagstöcken auseinandertrieb, verweigerten Olivera und seine Mitstreiter den Dialog. Präsident Banzer schien auf Zeit zu setzen, als er bekanntgab, man werde das umstrittene Wassergesetz und die Tarife von Aguas del Tunari »ernsthaft prüfen«. Obwohl die *Coordinadora* der Politik eine 3-Wochen-Frist einräumte, kündigte Bechtel noch am selben Tag an, dass den Verbrauchern, die das Geld für die Rechnungen nicht aufbringen könnten, das Wasser abdrehen werde.

Und die Lage in der Stadt verschärfte sich weiter. Da die lokale Polizei nicht mehr bereit war, die eigenen Familien niederzuknüppeln, ließ Banzer ortsfremde Kräfte kommen. Er verlegte eine 1000 Mann starke, motorisierte Spezialeinheit für die Niederhaltung der Straßenproteste von La Paz und Oruro nach Cochabamba. Mit der Ankunft der martialischen *Dalmatinos* standen die Zeichen endgültig auf Verhärtung der Fronten. Ohne auf die Forderungen der *Cochabambinos* einzugehen, hatte sich Banzer dafür entschieden, die immer lauter gewordene »Begleitmusik« aufs Brutalste zum Verstummen zu bringen.

Längst nicht mehr plätscherte der idyllische Springbrunnen auf der Plaza 14 de Septiembre, der an normalen Tagen ein Treffpunkt für Liebespaare und Rentner ist, friedlich vor sich hin. Die Straßen und Brücken über den Río Rocha waren zu einem heiß umkämpften Schlachtfeld geworden, auf dem sich protestierende Jugendliche, Bauern und Studenten vermummt der Polizei entgegenstellten, die sie mit Steinen, Schleudern und Knüppeln aus der Stadt verjagen wollten. Selbst diejenigen, die der Privatisierung anfangs gleichgültig gegenübergestanden hatten, sympathisierten jetzt mit den »Wasserkriegern«.

Bankiers in Nadelstreifenanzügen öffneten die Fenster ihrer Büros und versorgten die Straßenkämpfer mit Papier aus ihren Kopierern und Druckern. In Brand gesteckt, half das qualmende Papier, das stechende Reizgas der Polizei zu mildern. Im Fernsehen häuften sich die Bilder von blutenden Männern und aufgebrachten Frauen, welche die Sicherheitskräfte anschrien, die Gewalt ein Ende finden zu lassen.

Doch die Regierung war festen Willens, die Proteste mit Härte zu ersticken. In den vielen Radiostationen der Stadt liefen inzwischen von morgens bis abends die Telefonleitungen heiß, aufgebrachte Anrufer schimpften live über Aguas del Tunari, das Wassergesetz und die hohen Preise. Der Volkszorn kochte wegen des barbarischen Vorgehens der Staatsmacht. In nur 48 Stunden wurden 200 Menschen verhaftet, 70 Demonstranten und 51 Polizisten verletzt. Über die Stadt hatte sich eine schwarze Rauchwolke gelegt, brennende Autoreifen und Mülleimer verhüllten den Blick auf die weiße Christusfigur, die als Wahrzeichen von Cochabamba ihre Arme wie das Vorbild in Rio de Janeiro über das Tal ausbreitet.

WACHSENDER ZORN

Im Februar stieß ein wichtiger Verbündeter zur *Coordinadora*. Evo Morales und seine *Cocaleros* hatten sich vom Chapare auf den Weg gemacht, um der Regierung Banzer die Stirn zu bieten. Ihre Erfahrungen im Antidrogenkrieg, der weiterhin fortgeführt wurde, half den Aktivisten sehr; allein die Präsenz der widerstandserprobten Kokabauern stärkte die Moral. Die *Cocaleros* brachten den Kameraden bei, dass man immer in der Gruppe bleiben muss, um Verhaftungen und Misshandlungen zu entgehen. Sie zeigten ihnen, wie man sich mit Essig getränkten Tüchern vor Tränengas schützt und wie man Verletzte notversorgt. Von staatlicher Seite wurden die Verteidiger des Wassers nun als »Komplizen der Drogenmafia« hingestellt. Der internationalen Presse verkaufte man die Vorgänge in Cochabamba als Machenschaften des Drogenbusiness und das Werk von Chaoten und Unruhestiftern.

Als sich die kritische Lage nach tagelangen Straßenschlachten nicht beruhigen wollte, ging La Paz einen Schritt zurück und kündigte an, für ein halbes Jahr das alte Tarifsystem wieder einzusetzen. Die *Coordinadora*, die der Regierung zwei Monate zur Umsetzung dieses Angebots einräumte, schien einen ersten Sieg errungen zu haben. Um den Rückhalt in der Bevölkerung zu stärken, organisierten die Privatisierungsgegner eine Volksbefragung. In nur drei Tagen sammelten sie 60 000 Stimmen, 90 Prozent der Befragten forderten die sofortige Kündigung des Wasservertrags mit Aguas del Tunari. »Es gibt nichts zu verhandeln«, lautete es unnachgiebig aus dem Palacio Quemado.

Die breite Unterstützung der Stadt hinter sich wissend, holte die *Coordinadora* im April 2000 schließlich zum entscheidenden Schlag aus. Am 4. April begann »die letzte Schlacht« von Aktivistenführer Olivera und seinen Mitstreitern.

Zum dritten Mal seit Bekanntgabe des Wasserdeals wurde Cochabamba durch einen Generalstreik und Blockaden lahmgelegt. Dem massiven Druck der Demonstranten nachgebend, rief die Regierung zu Vermittlungsgesprächen auf. Die *Coordinadora* und andere Bürgergruppen hofften auf eine friedliche Lösung und willigten ein. Ein gewaltsames Ende des Konflikts schien abgewendet.

Doch war diese Rechnung ohne Präsident Banzer gemacht worden. Auf seinen Befehl hin stürmte die bis an die Zähne bewaffnete Polizei am 6. April die Präfektur, in der beide Lager unter Vermittlung des Erzbischofs von Cochabamba, Tito Solari, zur Stunde verhandelten. Führenden Vertreter der *Coordinadora* wurden festgenommen, einige von ihnen eigens in eine

Haftanstalt nahe der brasilianischen Grenze abtransportiert, um keine Unruhe mehr zu stiften. »Wenn die *Coordinadora* eingesperrt wird, dann sperre ich mich auch ein«, protestierte Solari gegen die Verhaftungen und schloss sich symbolisch in einem Raum der Präfektur ein.

Tatsächlich zeigte der Protest des Geistlichen Wirkung. Auf eindringliches Ersuchen des Präfekten von Cochabamba, der von der Polizeiaktion ebenso überrascht worden war und einen Bürgerkrieg fürchtete, wurden die Männer der *Coordinadora* noch in den frühen Morgenstunden auf freien Fuß gesetzt.

Bei Sonnenaufgang überfluteten Zehntausende die Plaza 14 de Septiembre, stolz hielten die aus allen Ecken Cochabambas Herbeigeeilten ihre Dorfbanner und bunten *Wiphala*, die Fahnen der Indigenen, hoch, um geschlossen Präsenz zu demonstrieren. Selbst das kleinste Dorf hatte mittlerweile verstanden, worum es ging; die *Coordinadora* hatte keine Mühen gescheut, um auch in den entlegensten Siedlungen über die Verträge von Aguas del Tunari aufzuklären. »Das ist ein Kampf für die Gerechtigkeit, für die Eliminierung eines Multis, der uns statt Wasser Preise bringt, die ein Skandal sind«, tobte ein entrüsteter Dorfvorstand. 40 Kilometer war der Alte zu Fuß bis zum Hauptplatz der Stadt gelaufen.

Die Menschen rasten vor Wut, sie fühlten sich hintergangen und betrogen. Steine zertrümmerten die Fensterscheiben der Präfektur, aus der Empfangshalle loderten Flammen, Jugendliche besetzten den Turm der alten Kathedrale, um mit den Glocken Alarm zu schlagen. Alle waren sich sicher, dass es nur eine Frage der Zeit sein würde, bis Banzer die Armee schicken würde, um den Massenaufstand niederzuschlagen.

Im Inneren der Präfektur versuchte Präfekt Hugo Galindo in La Paz derweil vergeblich, seinen Vorgesetzten davon zu überzeugen, den Vertrag mit Bechtel aufzulösen. Aber die Bitte des vom Präsidenten ernannten Landeschef wurde ignoriert. Verzweifelt rief Galindo bei Bischof Solari an, der im Büro der Diözese auf die *Coordinadora*-Aktivisten wartete, um dem Geistlichen mitzuteilen, dass er bei Präsident Banzer um die Annullierung des Vertrags gebeten habe. Als Oscar Olivera im selben Moment durch die Tür trat, übermittelte ihm Solaris in der Aufregung die falsche Nachricht: »Bechtel gibt auf!«

Wenige Minuten später sprach Olivera vor der unruhigen Menge auf der Plaza 14 de Septiembre. »Wir sind kurz davor, den ersten Sieg gegen das Modell des Neoliberalismus zu erringen!«, rief der abgekämpfte Sprecher vom Balkon des Gewerkschaftshauses. Seine Dankesworte an die *Cochabambinos* gingen im Jubel und Freudentaumel unter. Auf den Straßen und Plätzen der Stadt feierten die Menschen den Sieg über die Regierung und Aguas del Tunari, Bischof Solaris hielt eine Dankesmesse in der Kathedrale.

Als Banzer von den Jubelparaden und Hupkonzerten in Cochabamba erfuhr, ließ er die Vertragsannullierung umgehend dementieren: Bechtel bleibt.

MIT ALLER GEWALT

Was nun folgte, war die Ausrufung des Belagerungszustandes, ab jetzt galt das Kriegsrecht. »Zur Bewahrung und Verteidigung der inneren Ordnung«, so der Verfassungspassus zur Abwehr kriegerischer Gefahren, ließ Banzer am 8. April das Militär in Cochabamba einrücken. Die Gaskartuschen in den Gewehren wichen scharfer Munition. Scharfschützen postierten sich auf den Dächern der Stadt oder liefen in Zivil hinter den Polizeireihen auf und ab.

Vom alten Diktator war alles zu erwarten. Alle Grundrechte waren aufgehoben, für die kommenden 90 Tage wurde nachts eine strikte Ausgangssperre verhängt, wer dennoch erwischt wurde, dem drohte Erschießung. Versammlungen von über vier Personen waren verboten, den kritischen Radiosendern wurde der Saft abgedreht, Zeitungsredaktionen wurden geschlossen und Journalisten verhaftet. Ohne Anklage konnte jeder Missliebige für drei Monate hinter Gittern verschwinden. Den entlegenen Armenvierteln an den Berghängen wurde der Strom gekappt, da kleine Sendestationen von dort aus weiterberichteten. »Wir sehen es als unsere Pflicht für das Gemeinwesen an, den Ausnahmezustand zu verhängen, um Gesetz und Ordnung zu beschützen«, rechtfertigte Banzer seinen Rückfall in die siebziger Jahre. Zum siebten Mal seit der Rückkehr zur Demokratie 1986 hatte eine Regierung in La Paz das Kriegsrecht gegen die eigene Bevölkerung ausgerufen und dem Militär die Macht im Land übertragen.

Das Volk von Cochabamba antwortete in einem beispiellosen Akt der Entschlossenheit. Alle waren jetzt auf den Beinen. Jedermann trug Steine auf die Straßen, Frauen kochten Reis und Kaffee, Eimer mit Wasser gegen das Tränengas wurden vor die Haustür gestellt. Gezielt schoss die Armee nun auf einzelne Demonstranten, um Angst und Schrecken zu verbreiten. Einem TV-Kanal gelangen Bilder von einem Leutnant der Streitkräfte, der den 17-jährigen Víctor Hugo Daza mit einem Zielfernrohr aufs Korn nahm. Gleich die erste Kugel zerfetzte den Schädel des jungen Mannes, der Wasserkrieg hatte sein erstes Menschenopfer gefordert. Der Schütze, Robinson Iriarte de la Fuente, war ein Adept der School of the Americas. Ein Militärtribunal sprach ihn später von jeder Schuld frei, einen Tag nach dem Urteil wurde er zum Oberst befördert.

»Es war der entscheidende Fehler der Regierung, die Stadt zu militarisieren und mehr Polizei zu holen. Das hat die Wut nur noch angestachelt«, beurteilt Carlos Crespo, *Coordinadora*-Mitglied die Gewaltstrategie der Machthaber. Mit dem Tod Dazas erhielt der Wasserkrieg seinen Märtyrer, die Stadt stellte sich geschlossen gegen den Staat, die Armee und die Firma Bechtel, deren Manager sich in einem Luxushotel verschanzt hielten.

Überall im Land wurde der Unmut über die Regierung nun offen ausgesprochen. Auch andernorts eskalierte die Situation. Brutal gingen Soldaten in Achacachi gegen eine Straßenblockade vor. Sie eröffneten das Feuer und töteten zwei Demonstranten, darunter einen Jugendlichen. Dann eskalierte auch in Achacachi die Lage. Daraufhin entwendeten Mitglieder der berüchtigten *Ponchos Rojos*, einer rebellischen Vereinigung, deren Wurzeln in der Kolonialzeit liegen, die Gewehre von Soldaten und schossen auf die Armee. Zwei Militärs mussten schwerverletzt ins Krankenhaus. Als die Dorfbewohner einen von ihnen ausfindig machten, zerrten sie ihn aus dem Krankenbett, schlugen ihn tot und rissen seinen Körper in Stücke.

Es wurden auch Forderungen nach mehr Lohn laut. In La Paz lieferte sich die unterbezahlte Lehrerschaft der staatlichen Schulen auf dem Land Straßenschlachten mit der Polizei, die wiederum selbst auf eine bessere Besoldung bestand und zeitweilig die Arbeit niederlegte. Bolivien drohte, im Chaos zu versinken.

Das Durcheinander war jedoch besser organisiert als auf den ersten Blick ersichtlich. Vertreter der unterschiedlichen Gemeinden trafen sich heimlich zu Lagebesprechungen, um die Taktiken anschließend mit den Nachbarn in ihrem Viertel abzustimmen. »Wir haben unsere Pläne immer bis in die Morgenstunden hinein ausdiskutiert. Das musste alles Strategie haben, damit der Druck auch Wirkung hat«, erinnert sich Rosseline Ugarte von der Gewerkschaft der Landarbeiter (CSUTCB). In öffentlichen Versammlungen wurden gemeinsam Entschlüsse gefasst. »Jeder konnte reden, aber um gehört zu werden, musste gehandelt werden«, berichtet Olivera über die Organisation von unten. Die in den *Asambleas populares* getroffenen Entscheidungen wurden danach in die *Cabildos*, Massenversammlungen von 50 000 bis 70 000 Personen, getragen. Die Reaktion der Menge, lauter Beifall oder Murren, bestimmte das weitere Vorgehen. »In einigen Fällen musste die Führung auf die Leute hören«, bekräftigt Olivera, dass im Wasserkrieg jeder die Möglichkeit hatte, Kritik zu üben oder Ideen einzubringen.

SIEG GEGEN DEN MULTI

Am 10. April 2000 musste der Palacio Quemado einlenken. Die Situation war vollends außer Kontrolle geraten, und die Regierung sah sich endgültig gezwungen, mit der *Coordinadora* eine Aufhebung des Wassergesetzes auszuhandeln.

Mit einem Trick wurde der Vertrag mit Aguas del Tunari für ungültig erklärt. »Da das Direktorium Ihres Unternehmens aus Cochabamba abgereist ist, konnten Sie nicht ausfindig gemacht werden«, so das staatliche Anschreiben an die in den Volkswirren geflohenen Manager von Bechtel. »Der besagte Vertrag ist somit aufgehoben.« Eine darauffolgende Klage des Unternehmens, das für die geplatzte 200-Millionen-Dollar-Konzession mit 50 Millionen US-Dollar entschädigt werden wollte, scheiterte kläglich. Proteste in Europa und den USA hatten für eine derart große Öffentlichkeit gesorgt, dass Firmenchef Riley Bechtel einen Imageschaden fürchtete und die Schadensersatzklage zurückzog. Am 19. Januar 2006 verzichtete er formal auf alle Ansprüche und gab sich mit einer symbolischen Zahlung von zwei Bolivianos zufrieden.

Das von Weltbank und IWF verordnete Allheilmittel hatte in Cochabamba nicht angeschlagen. Die Annahme, dass multinationale Unternehmen durch professionelle Verwaltung, Spezialisten und Investitionen Bolivien zu einer effektiveren Wasserversorgung verhelfen würden, war schon am Widerstand der einfachen Leute gescheitert. Die von der Weltbank vertretene Ansicht, dass »Markttarife« den Preis für Wasser regulieren könnten, hatte sich mit der sozialen Wirklichkeit Cochabambas als unvereinbar erwiesen.

Die Botschaft von Cochabamba an den Rest der Welt machte Mut: Gegen die Kräfte der globalen Märkte lässt sich etwas ausrichten. In Bolivien markierte diese Gewissheit den Anfang vom Ende der traditionellen Machtverhältnisse. Der Wasserkrieg sollte als Musterbeispiel in die damals noch junge Geschichte der Globalisierungskritik eingehen.

Die Ereignisse, die in Cochabamba ihren Ausgang genommen hatten, schärften das Bewusstsein der Bolivianer für die Wertschätzung des Eigenen und die Möglichkeit kollektiven Handelns. Der Sieg gegen die Regierung Banzer und die Vertreter des *Washington Consensus* war ein erster Schritt, um den Ausverkauf durch die »Neue Wirtschaftspolitik« rückgängig zu machen.

»Im Wasserkrieg haben die Menschen gezeigt, dass es möglich ist, sich gegen die Privatisierungen der Weltbank und Konzerne zu wehren. Sie haben gezeigt, dass es möglich ist, sich zu organisieren, zu verbünden, Ängste zu überwinden und zu gewinnen. Aber der größte Erfolg ist, dass wir unsere Stimme zurückgewonnen haben und die Fähigkeit, als Volk unsere eigenen Entscheidungen zu treffen«, urteilt Olivera über die sechs Monate des Widerstandes. Boliviens späterer Vizepräsident sieht in den Ereignissen von 2000 die »Geburt der Massenbewegungen«. Es sollte nicht lange dauern, bis wieder Kampfrufe durch die Straßen einer bolivianischen Großstadt hallen würden.

8. EL ALTO ERWACHT

»Für die Völker des lateinamerikanischen Kontinents sind die Kämpfe in Bolivien ein zentraler Bezugspunkt und lebendiger Lehrstoff. Dass die Kämpfe und Aufstände von denselben Organisationen getragen werden, die im Alltagsleben verankert sind, ist eines der neuen Wesensmerkmale der Bewegungen in Lateinamerika.«

Raúl Zibechi, uruguayischer Autor

»Willkommen in El Alto, der höchsten Stadt der Welt, wo Gott uns von nahem sieht«, begrüßt den Reisenden ein Slogan am Ortseingang. Aus der Luft betrachtet sehen die Häuser von El Alto aus wie eine Handvoll von dem grauen Sand mit den vereinzelten bunten Steinchen, der sich vom 4000 Meter hohen Altiplano herab in den Talkessel ergießt. Das einen halben Kilometer tiefer gelegene La Paz gleicht einem natürlichen Trichter, alles wird von ihm angezogen und verschwindet in den dunklen Tiefen der altkolonialen Kapitale. Vor dem schmalen Zufluss ins wohlhabendere La Paz hat sich die höher gelegene Schwesterstadt El Alto wie Wasser aufgestaut; mit ihrem chaotischen Siedlungsmuster und weiß getünchten Kirchen breitet sie sich ins staubig-steinige Hinterland der Anden aus.

Wer am Aeropuerto Internacional El Alto/La Paz »John F. Kennedy« ankommt, ist auf einem der höchsten Flughäfen der Welt gelandet. Der Atem bleibt dem Reisenden nicht nur beim Anblick des Huayna Potosí und des Illimani weg, deren eisige Gipfel bedrohlich nah am Flugzeugfenster vorbeiziehen. Die Luft hier oben ist kalt und dünn, dass an der Gepäckabfertigung Sauerstoffflaschen und Atemmasken für erste Ohnmachtsanfälle bereitstehen. Auch an warmen Tagen wird die 20-Grad-Marke selten überschritten, im Winter fällt zuweilen Schnee, aus dem die Kinder kleine Schneelamas bauen.

El Alto (»die Höhe«) ist eine Stadt der Rekorde. Sie ist eine der am schnellsten wachsenden Städte Lateinamerikas. In nur acht Jahren hat sich das einstige Viertel von La Paz, in dem 1903 für die neu gebaute Eisenbahn zum Titicacasee und ins chilenische Arica ein Bahnhof, Werkstätten und erste Bahnarbeitersiedlungen gegründet wurden, in eine Metropole verwandelt. Jeder zehnte Bolivianer lebt hier. Ein einzigartiger Massenzuzug hat El Alto explodieren lassen, von 1992 bis 2010 verdoppelte sich die Einwohnerzahl auf eine Million. Heute wächst eine neue Generation heran, El Alto ist eine Stadt der Jugend, mehr als die Hälfte ihrer Bewohner ist 19 Jahre oder jünger, nur ein Fünftel hat seinen 39. Geburtstag hinter sich.

El Alto hat ein indigenes Gesicht wie sonst keine Stadt Boliviens. Drei Viertel der *Alteños* sind Aymara, sechs Prozent Quechua. Die Misere auf dem Land hat ganze Dörfer leer gefegt, seitdem platzen Stadtteile wie Villa Alemania, El Kenko, Villa Dolores oder Kollpani aus allen Nähten. Im Gegensatz zu La Paz, wo sich die Oberschicht der besseren Luft und des milderen Klimas wegen in den tiefer gelegenen Tälern in feine Stadtteile zurückgezogen hat, gibt es im rauen El Alto kaum Klassenunterschiede. El Alto ist ein Ort der Armut, das Leben ist hart. Laut der letzten Volkszählung von 2001 rechnen über 70 Prozent der Bevölkerung mit weniger als einem US-Dollar am Tag, 17 Prozent leben in »extremer Armut«.

In dieser Welt des Mangels versuchen sich die Menschen durchzuschlagen. Gute Arbeit ist knapp, so dass 70 Prozent im informellen Sektor des florierenden Straßenhandels, in Hinterhof-Werkstätten oder als Hausangestellte bei Familien in La Paz ihr Auskommen finden. Jeden Morgen, wenn es noch dunkel ist, macht sich ein Heer von *Empleadas* auf den Weg ins Tal; die jungen Frauen schlagen tagsüber die Betten der *Paceños* auf, servieren das Frühstück, tragen den Kindern ihre Schulranzen zur Privatschule oder stutzen die Hecken der akkurat gepflegten Gärten. Spät am Abend kehren die Dienstmädchen in den überfüllten japanischen Kleinbussen zurück auf den Altiplano, um nach einigen Stunden Schlaf aufs Neue die Reise in die Hauptstadt anzutreten. »Die Schlafstadt«, *la Ciudad dormitorio*, wurde El Alto lange genannt.

Heute hat die Stadt ein fragiles Eigenleben entwickelt. Überall haben kleine Läden für Mobiltelefone, Batterien, billige Technik aus Asien und Schmuggelware aufgemacht, an jeder Ecke gibt es Internetcafés und Reisebüros. Permanentes Autohupen, laut schallende Musik und quäkende Radiostimmen bilden eine nie abschwellende Geräuschkulisse aus Cumbia-Melodien, Reggeaton-Beats und überdrehten Nachrichtensprechern. Der Geruch von offenen Garküchen, die für kleines Geld Grillhähnchen, Kartoffelsuppen und ölige *Papas fritas* anbieten, weht durch die Straßen, wo am Bordstein das stinkende Abwasser rinnt, ein bei Kleinkindern durchaus beliebter Spielplatz.

Den Rhythmus des Wirtschaftslebens geben die riesigen Märkte vor, die an mehreren Tagen der Woche im eisigen Morgengrauen öffnen und erst bei Nacht ihre sperrigen Warenpakete wieder zusammenräumen. Dick eingehüllt sind die Händler, von den Schneegebirgen und Andengletschern weht unausgesetzt ein schneidender Wind herüber. Obst und Gemüse aus den nahen Yungas, Rindfleisch aus Beni, in heimischen Textilfabriken geschneiderte Herrenanzüge, aber auch Secondhand-Jeans aus der westlichen Welt oder gigantische Flatscreen-TVs, die aus Chile über das Handelszentrum Oruro den Weg nach El Alto gefunden haben, können hier gekauft werden. Der *Mercado 16 de Julio* ist der unangefochtene Star unter den Märkten, seine Pforten öffnen sich am Donnerstag und Samstag für die Tausenden von *Alteños.* Aus ganz Bolivien kommen die Kleinhändler und decken sich mit allem ein, was an den Mann zu bringen ist, besonders beliebt sind elektrische

Küchengeräte, Pfannen und Bügeleisen. Wer was fürs Auto braucht ist hier genau richtig, *16 de Julio* ist bekannt für sein unendliches Angebot: von verrosteten Schrauben bis zum nagelneuen BMW. Aber auch Apartments, Häuser und Kokafelder gibt es käuflich zu erwerben.

Die Märkte liegen im Stadtteil La Ceja. Gefährlich dicht am steil hinabstürzenden Kesselrand von La Paz reihen sich Bar an Bordell, Glücksspielspelunke an Stundenhotel. Lose Stromkabel hängen auf die holprigen Gassen herab, das geschäftige Treiben und die wachsende Kriminalität haben den zu jeder Stunde des Tages von Microbussen und Taxis verstopften Verkehrsknotenpunkt am Eingang von La Paz zu einem schlaflosen Ort gemacht.

El Alto und La Paz sind zwei verschiedene Welten. Unten Wiesen und Bäume, oben Einöde und brennende Sonne. Unten Anzugträger mit Schlips und Aktenkoffer, oben Straßenhändler und Handwerker in dicken Wollmützen und Steppjacken. Unten gut bezahlte Jobs in Verwaltung, Parlament und Firmen ausländischer Kapitalanleger, oben prekäre Arbeit ohne Zukunft. Einkaufsmeilen wie in Paris und Miami unten, wo die in Europa und den USA studierte Elite von Zona Sur mit Kreditkarte Markenklamotten und Luxusreisen in die Karibik bezahlt. Oben Familienbetriebe ohne Maschinen und Kapital, deren Mitglieder für bolivianische Verhältnisse eine gute Ausbildung haben. Die Analphabetenrate liegt bei nur acht Prozent, und jeder Zweite hat das siebte Schuljahr abgeschlossen. Unten europäischstämmige *Cholos*, die sich als »moderne Bolivianer des Fortschritts« sehen, oben Aymara und Quechua, die mit ihren Händen ums Überleben und gegen den Verlust ihrer Kultur kämpfen.

2003 regierte unten im Tal zum zweiten Mal Präsident Gonzalo Sánchez de Lozada. Im Frühjahr beriet »Goni« mit dem Internationalen Währungsfonds über die Verabschiedung eines Sparpakets und eine Steuererhöhung. Bolivien hatte die historische Marke von fünf Milliarden US-Dollar Auslandsschulden erreicht. Dabei hatte der IWF Bolivien mit Unterstützung der G8-Länder in die Initiative für die »Hoch verschuldeten Entwicklungsländer« (HIPC) aufgenommen und seit 1996 insgesamt 1,9 Milliarden US-Dollar vom Schuldenkonto gestrichen.

Im Palacio Quemado waren sich der Präsident und IWF nun schnell einig geworden, dass die Hauptlast der Schulden im vollen Umfang auf die Schultern der Bevölkerung abgewälzt werden sollte. Die Verhandlungen machten deutlich, wie groß der Einfluss internationaler Finanzinstitute unter Führung des IWF auf die Politik in Bolivien mittlerweile war. Wie schon die Weltbank Präsident Banzer vier Jahre zuvor im Fall Bechtel unter Druck gesetzt hatte, so war es nun der Währungsfonds, der mit dem Einfrieren der unentbehrlichen Kredite zur Stützung des defizitären Staatshaushaltes drohte, der bei 8,7 Prozent des Bruttoinlandsproduktes lag.

Dem IWF war diese Staatsquote zu hoch. Zwar hatten Experten wie Nobelpreisträger Joseph Stiglitz angesichts der Rezession, in der sich Bolivien befand, wegen der sozialen Folgen vor einer brachialen Reduzierung des Defizits abgeraten, doch blieb der Währungsfonds hart und forderte La Paz vehement zur sofortigen Senkung des Defizits auf 5,5 Prozent auf.

Der verordnete Sparkurs offenbarte die gewaltige Schieflage der bolivianischen Wirtschaftspolitik. Ohne Murren setzte die Regierung die Abzahlung der enormen Auslandsschuld von jährlich 496 Millionen US-Dollar fort, um zu Hause 250 Millionen US-Dollar einzusparen. Erdrückende 16 Prozent der Staatseinnahmen schluckte der Schuldendienst an die Banken im Norden und Übersee. Dagegen sollten die öffentlichen Ausgaben für Krankenhäuser, Schulen, Universitäten und Polizei um acht Prozent gedrosselt werden, obwohl diese sich bereits auf einem bedrohlich niedrigen Niveau befanden.

Dass das Heimatland der IWF-Ratgeber selbst in einer Rezession steckte und die schwächelnde US-Wirtschaft Boliviens Konjunktur dämpfte, schien niemanden zu stören, im Gegenteil. Während der IWF den Bolivianern ein Sparprogramm der sozialen Kälte auferlegte, erklärte US-Vizepräsident Dick Cheney zwölf Flugstunden weiter nördlich das Haushaltsdefizit der Regierung Bush für »nicht so wichtig«.

Für den Süden galten andere volkswirtschaftliche Regeln als für den Norden. Der aber spielte seinen Einfluss voll aus. Die bis zur Unkenntlichkeit verwischte Grenze zwischen dem Fonds und Boliviens Führungselite zeigte sich schon darin, dass der IWF seine Büros in La Paz im selben Gebäude wie die Nationalbank eingerichtet hatte.

Ungestört hatten die Finanzinstitutionen in den vergangenen Jahren ein ideologisches Monopol etabliert. Ganze Ministerriegen wurden seit den neunziger Jahren zur Weiterbildung nach Washington chauffiert. »Sie kamen absolut frei von allen Zweifeln und fanatisiert zurück, überzeugt davon, die neoliberale Politik in die Tat umzusetzen«, erzählt eine Ex-Angestellte des Wirtschaftsministeriums im Interview mit der Stiftung Jubileo, die sich für eine komplette Streichung der bolivianischen Auslandsschuld einsetzt.

Juan Carlos Carranza, der von 1980 bis 1992 das Wirtschaftsministerium leitete, erinnert sich, dass immer »nur diejenigen eingeladen wurden, die zu allem ›Yes Sir!‹ sagen«. Zurück kamen sie mit »Plänen, die auf dem Papier fantastisch aussahen, aber in der Praxis nicht funktionieren konnten, weil sie nichts mit der Realität zu tun hatten«, berichtet der Ex-Minister.

Ob Staatsdiener oder bei der Weltbank, in La Paz war das längst einerlei. Nacheinander waren die beiden ehemaligen Weltbank-Leiter Javier Nogales und Jacques Trigo vom Präsidenten zum Direktor der Nationalbank ernannt worden und bestimmten direkt über Weichenstellungen in Boliviens nationaler Wirtschaftspolitik mit. Alfonso Revollo Thenier, der in Sánchez de Lozadas erster Amtszeit Minister für Privatisierung war, arbeitete wie viele seiner Kollegen nach seinem Ausscheiden nahtlos in der Weltbank oder beim IWF weiter. Hunderte von hochrangigen Staatsbediensteten bezogen als »Berater« monatliche Sonderzahlungen, die ihnen Weltbank, IWF, Interamerikanische Entwicklungsbank, die US-Entwicklungsbehörde USAID oder die Vereinten Nationen auf ihre Konten überwiesen – eine der wichtigsten Einrichtungen des *Washington Consensus.*

Während Minister Revollo Boliviens Bodenschätze, Schlüsselindustrien und Staatsbetriebe an die ausländischen Multis verscherbelte, bezog er von der IDB saftige Bezüge. Die Extrazahlungen waren in der Regel höher als die Regierungsgehälter. Der politische Zweck war eindeutig. Die *Pluses* sollten »das professionelle Personal dazu motivieren, mehr den Direktiven der internationalen Agenturen als der offiziellen politischen Linie zu folgen«, so der Offenbarungseid über die Unterwanderung nationalstaatlicher Souveränität im vertraulichen Weltbank-Bericht Nr. 8643-Bo aus dem Jahr 1990.

DIE RECHNUNG ZAHLT DAS VOLK

Bei den Stichwahlen im August 2002 war Sánchez de Lozada mit 22 Prozent knapp vor Evo Morales und Manfred Reyes Villa gelandet, die beide 20 Prozent der Stimmen erreichten. Der vormalige Planungsminister wollte sein 1986 begonnenes Werk, die »Moderne« nach Bolivien zu bringen, in seiner zweiten Amtszeit zum krönenden Abschluss führen.

Hilfe hatte sich »Goni« bei Marketingprofis geholt und für seine millionenschwere Kampagne ein prominentes US-Wahlkampfteam unter Vertrag genommen. In einem medienwirksamen Werbefeldzug, wie ihn »die Menschen da draußen« nie zuvor erlebt hatten, setzten James Carville, Stan Greenberg und Bob Shrum psychologisch manipulierend auf »die Krise«. Durch Panikmache versuchte das Team um James Carville, der auch im Wahlkampf Bill Clintons zum Präsidenten führend gewesen war, den Bolivianern einzugeben, dass nur Sánchez de Lozada das Land vor der Katastrophe retten könne.

Dass »Goni« selbst in seinem Lebenslauf auf Lug und Trug

zurückgriff, war den wenigsten bekannt. Sein Abschluss in Literatur und Philosophie an der University of Chicago stellte sich nach akribischer Recherche kritischer Journalisten als Fantasiegespinst heraus. Der Autor eines nie verwirklichten Drehbuches über *Billy the Kid* war lediglich ein paar Semester eingeschrieben gewesen; studiert, geschweige denn ein Diplom erhalten hatte er nie.

Märchenhaft waren auch seine politischen Versprechen in der ersten Amtszeit in den neunziger Jahren gewesen. Sánchez de Lozadas Regierungsprogramm *Plan de Todos* (»Plan für Alle«) sagte ein Wirtschaftswachstum von zehn Prozent voraus, eine Verdopplung der Wirtschaftsleistung innerhalb von zehn Jahren und eine halbe Million neuer Jobs sollte geschaffen werden, was einer Vollbeschäftigung gleichgekommen wäre. Das von IWF und Weltbank gefeierte »bolivianische Modell« der Privatisierung hatte man auf den euphemistischen Begriff »Kapitalisierung« gebracht. Dahinter verbarg sich die Idee eines von »Goni« propagierten »Sozialismus der Volksaktien«. Die Staatsbetriebe wurden durch Aktienemissionen »kapitalisiert«, 49 Prozent der Aktien sollten von den ausländischen Unternehmen und 51 Prozent vom »bolivianischen Volk« verwaltet werden. Diese Mischunternehmen, so das Versprechen, würden dem Staat die Kontrolle über die »kapitalisierten« Unternehmen und Bodenschätze sichern, während sich die Auslandsdirektinvestitionen im Lande verdoppeln würden.

Ein Teil der staatlichen Aktien wurde »zum Wohle der Arbeiter« in einen neu geschaffenen Rentenfonds eingezahlt, durch den die monatliche Rente eines jeden Bolivianers über 65 Jahre mit dem wirtschaftlichen Aufschwung auf mindestens 250 US-Dollar im Monat steigen würde. Abgesehen davon, dass die durchschnittliche Lebenserwartung bei Männern von 63 Jahren lag, wurden die Rentenfonds von der spanischen Bankengruppe Banco Bilbao Vizcaya Argentaria (BBVA) und dem schweizerischen Versicherungskonzern Zurich Financial Services verwaltet. Bolivien hatte also Aktien und Rentensicherheit ins Ausland verlegt.

So weit die propagierte Theorie. Die reale Bilanz der Privatisierungswelle von Sánchez de Lozada und seinem Nachfolger Hugo Banzer war vernichtend. 2002 wurden Güter im Wert von 1,3 Milliarden US-Dollar exportiert, nicht mehr als 1980. Lag das Pro-Kopf-Einkommen 20 Jahre zuvor bei 940 US-Dollar, so war es 2003 bei 960 US-Dollar angekommen. Auch das Rentensystem über die Fonds an den Börsen rechnete sich nicht, so dass die öffentlichen Haushalte eine Gegenfinanzierung tragen mussten. Dadurch verdoppelte sich die Inlandsschuld zwischen 1998 und 2003 von 4,8 auf neun Prozent. Doch auch dieses Geld reichte nicht aus, und so verpflichtete »Goni« die Pensionsverwalter, die Rentensparkonten der Arbeiter in staatliche Schuldpapiere zu investieren, so dass die Fonds in Spanien und der Schweiz zu den größten Schuldnern in Bolivien wurden. Mit dieser Reparaturmaßnahme hatte sich die Inlandsschuld auf rund drei Milliarden US-Dollar verdreifacht. Die Zinsen waren mit acht Prozent viel höher als bei der ebenfalls angewachsenen Auslandsschuld von fünf Milliarden US-Dollar, so dass bis heute mehr Zinsen für die Abzahlung der Rentenschulden gezahlt werden als für die restlichen Schulden im Ausland.

Bolivien schrie förmlich nach einem Politikwechsel. Doch die Staatsführung ließ sich durch nichts beirren. Am 9. Februar 2003 gab Sánchez de Lozada die Einführung einer neuen Steuer bekannt, mit der er die IWF-Forderungen zu finanzieren gedachte. Anstelle der schwelenden Wirtschaftskrise mit einer Erhöhung der öffentlichen Ausgaben gegenzusteuern, befolgte die Regierung die »Empfehlungen« aus Washington. Der *Impuestazo* genannte »Steuerschock« sollte alle Löhne über 3000 Bolivianos mit einer Sonderabgabe belegen, um die Staatsausgaben auf die gewünschten 5,5 Prozent des BIP zu drosseln.

Allein die Ankündigung im Fernsehen reichte aus, um breite Ablehnung und einen Sturmlauf gegen die Regierung hervorzurufen. Am 12. Februar rückte die COB von jeder Dialogbereitschaft mit der Regierung ab und rief zum 24-Stunden-Generalstreik auf. Die Zahlung des *Impuestazo* sei mit »zivilem Ungehorsam« zu verweigern. Die Gewerkschaft der Landarbeiter deklarierte den Widerstand gegen die Steuer als Revolte. Für Cochabamba kündigte der »Generalstab des Volkes«, ein Zusammenschluss der wichtigsten linken Oppositionspolitiker und Gewerkschaftsführer unter der Leitung von Evo Morales, und die MAS Protestmärsche an. Am selben Tag ließen die Universitäten im ganzen Land ihre »Alarmbereitschaft« verlautbaren, die Regierung hatte ihnen eine lange geforderte Erhöhung ihrer schmalen Budgets verweigert. Selbst der konservative Arbeitgeberverband CEPB bekniete Sánchez de Lozada zur Umkehr, das Steuervorhaben würde den Konsum beeinträchtigen, die Investitionen behindern und die Arbeitslosigkeit weiter ansteigen lassen. 12,5 Prozent mehr sollte jeder Bolivianer von seinem knappen Lohn zur Haushaltssanierung abgeben.

SCHWARZER FEBRUAR

Die dreiste Steuererhöhung hatte das Fass zum Überlaufen gebracht. Ausgehend von El Alto entlud sich der nackte Volkszorn auf den Straßen von La Paz. Hunderte Studenten der neu gegründeten Universidad Popular El Alto liefen an den folgenden Tagen im Regierungsviertel Sturm, die zahlreichen sozialen Oppositionsbewegungen schlossen sich ihnen an. Als der GES-Spezialpolizei die Niederschlagung der Protestierenden befohlen wurde, verweigerten die olivgrünen Uniformierten mit ihren Schutzschilden und Tränengasgewehren den Befehl. Sie waren selbst Opfer des zahlungsunfähigen Staates geworden und verlangten auch die Annullierung der Sondersteuer sowie eine Gehaltserhöhung um 40 Prozent. Ihnen schlossen sich kurz darauf landesweit die *Dalmatinos* und die Nationalpolizei an.

Am Morgen des 12. Februar hatten 100 Polizisten der GES-Spezialpolizei ihre Kaserne gegenüber des Präsidentenpalastes verlassen und beklatschten wenig später die Studenten aus El Alto, die sich auf der Plaza Murillo versammelt hatten und zusammen mit Schülern des Colegio Ayacucho den Palacio Quemado mit Steinen bewarfen. Die Regierungsmitglieder, unter ihnen auch Sánchez de Lozada, bekamen es mit der Angst zu tun. Die kleine Palastgarde sollte den Hauptplatz räumen, doch auch sie verweigerte angesichts der Übermacht aufgebrachter Zivilisten und meuternder Polizei die Anordnung und wartete die Ankunft der herbeigerufenen Armee ab.

Als die Soldaten anrückten, geschah ein Blutbad. Die Heeresleitung hatte die jüngsten Rekruten geschickt, die mangels Gummigeschossen und Tränengas sofort mit scharfer Munition auf die Demonstranten schossen. Auf den Dächern des Palacio Quemado hatten sich Scharfschützen positioniert, die wie schon im Wasserkrieg von Cochabamba ohne Vorwarnung auf Polizisten und Passanten zielten.

Am Abend des 12. Februar regierte das Chaos. In El Alto und La Paz wurde das Rathaus in Brand gesetzt, Bürgermeister war ein Verbündeter Sánchez de Lozadas. Das Gleiche passierte mit dem Regierungsministerium und der Zollbehörde. Ohne dass die streikende Polizei eingriff, wurden im ganzen Land Geschäfte ausgeraubt, und die Parteizentralen der neoliberalen Parteien standen in Flammen. Beim Erstürmungsversuch der Coca-Cola-Fabrik in El Alto schoss das private Sicherheitspersonal in die Menge, sechs Menschen starben. Dennoch griffen die Menschen weiterhin die Symbole der Staatsmacht und Unternehmen an.

Am nächsten Tag hatten sich die Scharfschützen überall in der Stadt verteilt und zielten wahllos auf alles, was sich bewegte. Mehr als ein Dutzend Zivilisten starben am 13. Februar. Wieder hatte das Militär Krankenwagen für den Transport von Soldaten und Waffen missbraucht, wieder wurde einem Aufstand gegen die Regierungspolitik mit Gewalt entgegnet. Erst als auch in Cochabamba, Santa Cruz, Potosí und im Chapare der Protest bedrohliche Ausmaße annahm, Minenarbeiter, Bauern und

Studenten den Rücktritt der Regierung forderten und Straßenblockaden das ganze Land lahmgelegt hatten, gab die Regierung auf.

31 Menschenleben hatte der »Schwarze Februar« gekostet, der Präsident war mit dem Satz »Unser Haushalt wird nicht der des IWF sein« vor die TV-Kameras getreten, um ein unzumutbares Steuergesetz durchzusetzen. Der Währungsfonds, der zu diesem Zeitpunkt vom späteren Bundespräsidenten Deutschlands, Horst Köhler, geleitet wurde, lehnt bis heute jede Verantwortung für die Folgen seiner Vorgaben ab. Die »sozialen Nebenwirkungen« ihrer Rezepte bestaunten die Ökonomen kopfschüttelnd im TV, nachdem sie ihr Luxushotel in La Paz längst Richtung Washington verlassen hatten.

Die Massenreaktion auf die Steuererhöhung war »die verzweifelte Mobilisierung der Menschen mit Hunger, der Frustrierten, der Wütenden und Enttäuschten. Sie hatten die Hoffnung und das Vertrauen darauf verloren, dass ihre Kinder in diesem Land eine Zukunft haben würden, ein Land, das ihnen keine Chancen zum Vorankommen bot«, erklärt die bolivianische Soziologin Natalia Camacho Balderrama den spontanen Volksaufstand gegen die Technokraten aus der fernen Fremde.

Hatte sich Cochabamba drei Jahre zuvor auf dieselbe entschlossene Art gegen den Ausverkauf seines Wassers zur Wehr gesetzt, so war der Funke der Rebellion gegen den neoliberalen Staat auf El Alto übergesprungen. Der »Schwarze Februar« hatte die geknechtete *Ciudad dormitorio* ein für alle Mal aus ihrem dämmrigen Halbschlaf gerissen.

GEMEINSAM GEGEN DIE MACHT

Die Not im Nacken, galt es in El Alto, von Beginn an das Schicksal selbst in die Hand zu nehmen. Auf die Hilfe der Regierung in La Paz zählte hier keiner mehr. Die Einöde des Altiplano hatten die indigenen Migranten auf die ihnen eigene Art und Weise bewohnbar gemacht. Kraft ihres Organisationstalents hatten die entlassenen Minenarbeiter einen festen Zusammenhalt geschaffen, in der Gemeinschaft kauften sie Grund und Boden, legten Strom- und Wassernetze, bauten Schulen, Plätze und Häuser.

»Wir wussten, wie man zusammenarbeitet, wir mussten uns organisieren, selbst Werkzeuge auftreiben, selbst Zement und Steine kaufen. Der Staat hat damals nicht geholfen, zum Glück war ich mit 25 Kollegen aus dem Bergwerk hierhergekommen«, beschreibt Freddy Sarmiento die Ankunft der Minenarbeiter in El Alto 1986. Für den Neuanfang hatten die *Mineros* aus Potosí ihr ganzes Geld zusammengelegt, berichtet Sarmiento dem Historiker Benjamin Dangl. Die gewerkschaftliche Organisation und die traditionellen *Ayllu*-Gemeinschaften bildeten gemeinsam wie in Cochabamba und im Chapare ein tragfähiges Gerüst, um auch die eigenen Interessen jederzeit auf der Straße durchzusetzen. Die Lücke, die aufgrund fehlender staatlicher Infrastrukturmaßnahmen bestanden hatte, schlossen die Nachbarschaftskomitees, die sich unter dem Dachverband FEJUVE vereinigt hatten. Gab es etwa ein Problem mit den Stromkosten, versammelten sich die Bewohner, um eigene Maßnahmen zu beschließen. Funktionierte die Müllabfuhr nicht, las die Gemeinde die Abfälle selbst auf. Drang ein Einbrecher in ein *Barrio* ein, musste er damit rechnen, gefasst, verprügelt und in schweren Fällen sogar gelyncht zu werden.

Auch wenn der Palacio Quemado und internationale Medien das Bild vom »unregierbaren Bolivien« verbreiteten, war El Alto im Februar 2003 nicht im Chaos versunken. Was die Politiker in La Paz nicht sehen wollten oder konnten: Hinter dem Aufstand war die soziale Organisation der Aymara-Stadt zum Vorschein gekommen. Die »aufständischen Blitze«, wie Raúl Zibechi in seinem Buch *Die Zersplitterung der Macht* die Aktionen der sozialen Bewegungen nennt, brachten zum Vorschein, dass neben der westlich-kolonialen Hauptstadt La Paz eine indigene Konkurrenzstadt mit einem alternativen Modell des Zusammenlebens entstanden war. Wie in sonst keinem urbanen Ort Lateinamerikas bedeuten in El Alto die Familie, die Nachbarn, die Gemeinschaft, der Stadtteil, die Kleinbetriebe und die Zusammenschlüsse der Straßenhändler mehr als die individualistische Idee von einer Staatsbürgerschaft, mehr als Loyalität und Gehorsam gegenüber einer Nation mit ihren westlichen Vorstellungen von Moderne und Zivilisation.

Das Besondere am Aufstand in El Alto im Februar 2003 war das Fehlen einer zentralistischen Führung der Rebellion. Es war ein Volksaufstand, der gegen die Regierung losgebrochen war. Vielmehr hatte jeder *Barrio* in eilig einberufenen Versammlungen auf den Plätzen und Höfen spontane Protestaktionen beschlossen.

Auf dem Land hingegen bestanden sogenannte »Kasernen«, in denen sich Dorfgemeinschaften in Bedrohungsmomenten gegen einen Gegner formierten. Vizepräsident Álvaro García Linera, Chefideologe der MAS, beschreibt diese »Kasernen« als ein antistaatliches Projekt: »40 000 Indios versammeln sich auf diesem Hügel, sie besetzen ihn. Die bolivianische Armee steht auf der einen Seite, die Aymara-Armee auf der anderen. ›Wenn sie uns angreifen, werden wir zurückschlagen‹, sagen sie, ›und dann werden wir in La Paz einmarschieren und den Regierungspalast einnehmen‹«, charakterisiert Linera, der wegen seiner Mitgliedschaft in der Guerillaarmee Túpac Katari ohne Prozess und Verurteilung in den Neunzigern fünf Jahre im Gefängnis saß, die Organisation der wehrhaften sozialen Bewegungen in den Anden. Als »Konföderation der Gemeinschaften« würden diese »heute die Felder bestellen und morgen in den Krieg ziehen«. In den Gruppen gab es »70-jährige Frauen mit Knüppeln, 18-jährige Jugendliche mit Mauser-Sturmgewehren, alte Männer mit Dynamit und Kinder, die Essen bringen. Die Befehlsgewalt wird jeden Tag neu ausgehandelt und hängt von den verschiedenen kommunitären Blöcken ab, die gekommen sind. Es gibt keine absolute Befehlsgewalt und kein Kommando.«

Diese Bereitschaft zum Widerstand machte das rebellische El Alto für die Regierung in La Paz unkontrollierbar.

Jahrhundertealte Kampftaktiken der Aymara, die schon zu Kolonialzeiten gegen die spanischen Herrscher zum Einsatz gekommen waren, wurden auch im Februar 2003 angewendet. Am effektivsten war der *Bloqueo*, der einer Art Katz- und Mausspiel glich. Die Blockade der wenigen Überlandstraßen reichte aus, um den gesamten Güterverkehr und die Versorgung der Städte mit Lebensmitteln und Energie in Gefahr zu bringen. Eine Straße wurde auf einer Länge von 500 Metern mit einem Teppich Tausender kleiner und größerer Steine und Baumstämme übersät, der für Lkws, Busse und Autos nicht passierbar war. Beim Anrücken von Polizei oder Militär wichen die Blockierer aus und störten von einem schwer einnehmbaren Hügel aus die mühsamen Aufräumarbeiten der Sicherheitskräfte.

»Der Aufstand ist ein Moment des Bruchs, in dem die Subjekte ihre Kapazitäten, ihre Macht als Handlungskapazitäten entfalten. Und indem sie diese entfalten, bringen sie Haltungen ans Tageslicht, die in Phasen der Ruhe beziehungsweise der geringeren kollektiven Aktivität verborgen bleiben.« 30 Jahre war es her, dass das Manifest der Partido Indio de Bolivia (PIB) zur »Eroberung der Macht« aufgerufen hatte. »Indios von Bolivien vereinigt euch« war 1973 das Gespenst, das in den Bürgerstuben von La Paz umherging. Im Frühjahr 2003 war Bolivien an einem historischen Scheidepunkt angelangt, El Alto hatte den Weg zu einem »neuen Bolivien« gewiesen. »Die Einheit gibt die Macht«, dieser Appell der PIB war unter dem existenziellen Druck, der durch den wirtschaftlichen Stillstand entstanden war, Wirklichkeit geworden.

9. SCHWARZER OKTOBER

»Bolivien ist an diesem Geschäft nur mit Almosen beteiligt. Unsere Familien müssten wie bisher über Feuer aus getrocknetem Esels- oder Kuhdung kochen, während Kaliforniens Leuchtreklamen Nacht für Nacht mit bolivianischem Gas betrieben würden. Dieses Projekt ist wirtschaftlich wie politisch unannehmbar und niederträchtig. Als Erstes müssen wir die Verfügungsgewalt über das Gas wiedererlangen, dann exportieren.«

Felipe Quispe, MIP-Chef

Warum hatte der Staat kein Geld übrig für seine Bürger, die stattdessen selbst für Bildung, Gesundheit, Sicherheit und Infrastruktur sorgen mussten? Dabei hatten doch spektakuläre Erdöl- und Gasfunde zwischen 1997 und 2003 Bolivien hoffen lassen, dass die Zeit der Massenarmut endlich Vergangenheit sei.

Die Ölreserven waren von den Beraterfirmen der Weltbank von zuvor 116 auf 486 Millionen Barrel geschätzt worden, die Gasfelder von 3,75 auf 28,69 Billionen Kubikfuß. Bolivien war nach Venezuela mit einem Schlag zum Land mit den zweitgrößten Erdgasvorkommen aufgestiegen, dessen Wert man auf 100 Milliarden US-Dollar taxierte.

Was war mit diesem Reichtum, der in der Erde Boliviens schlummerte, seitdem geschehen? Er war weit unter Wert ans Ausland verkauft worden. Präsident Sánchez de Lozada hatte wie schon die Bergbaugesellschaft COMIBOL auch das staatliche Energieunternehmen *Yacimientos Petrolíferos Fiscales Bolivianos* (YPFB) privatisiert, drei Viertel der hoch qualifizierten 5000 Angestellten landeten auf der Straße. Nicht, dass einer der größten Betriebe Lateinamerikas für Öl und Gas nicht rentabel gewesen wäre. Mit 3,5 Milliarden US-Dollar hatte YPFB allein von 1985 bis 1995 über die Hälfte der bolivianischen Staatseinnahmen eingespielt. Doch war dies für die multinationalen Energiefirmen eine Konkurrenz, die aus dem Weg geräumt werden musste.

Das Staatsunternehmen YPFB ist der Stolz aller Bolivianer, ein Kind des verlustreichen Chacokrieges von 1932 bis 1935. Da der US-amerikanische Erdölriese Standard Oil auf dem Staatsgebiet Paraguays riesige Erdölfelder vermutete, trieb das mächtige Rockefeller-Unternehmen Boliviens Präsidenten Daniel Salamanca Urey in der östlichen Steppenwüste zum Angriff auf das Nachbarland, um der holländisch-britischen Konkurrenz Royal Dutch Shell den Zugriff auf das »schwarze Gold« zu entziehen. Kontrolle war Rockefeller keine gewohnt, 15 Jahre lang und am bolivianischen Fiskus vorbei hatte Standard Oil über eine geheime Ölpipeline nach Argentinien unbemerkt Millionen von Barrel Öl abgezweigt.

Der Chacokrieg war ein Konflikt internationaler Interessen. Bei dem durch provozierte Grenzstreitigkeiten entfesselten Waffengang ums Öl verdiente etwa das deutsche Rüstungsunternehmen Krupp auf beiden Seiten, zu Zehntausenden wurden Granaten und Minen verpulvert. Erstmals kamen in Lateinamerika teure Panzer und Kriegsflugzeuge zum Einsatz, geliefert aus den USA und England. Deutschland, das voller Ambitionen den Reichtum des Andenlandes beäugte und Bolivien in seine expansiven Planspiele auf der Südflanke der Vereinigten Staaten mit einbezog, besorgte die Ausbildung der Offiziere. Zusammen mit der Nazigröße Ernst Röhm hatte der Weltkriegsveteran Hans Kundt Ende der zwanziger Jahre Boliviens Armee nach preußischem Vorbild reformiert und auf Angriff getrimmt. Mit ihm waren Hunderte Militärberater nach La Paz gekommen.

An die Front schickten die ordenbehängten Herren in La Paz die Indigenen und Arbeiter. 60 000 Bolivianer und 50 000 Paraguayer starben für den Krieg der Ölfirmen den »Heldentod«. Trotz des technischen Vorsprungs und einer überwältigenden Überzahl an Soldaten musste sich Bolivien unter der Führung von General Kundt am 21. Juli 1938 geschlagen geben. Am Ende verdoppelte Paraguay sein Gebiet bei den Friedensverhandlungen in Buenos Aires, Bolivien aber verlor rund 200 000 Quadratkilometer seines Territoriums.

Die Indigenen hatten die Bodenschätze Boliviens mit Mut und Gehorsam verteidigt, wie es ihnen eingetrichtert worden war. Im Hinterland hatten die Bauernfamilien mühsam die Versorgung der Schlachtfelder mit Nahrungsmitteln und Material sichergestellt. Nun wollten die Männer vom Altiplano über die Verwendung des Öls auch mitbestimmen. Die fürchterlichen Fronterfahrungen der Soldaten hatten die Gesellschaft in ihren Grundfesten erschüttert. In den drei langen Jahren im Schützengraben und bei Gewaltmärschen durch die trockene Einöde des Chaco waren die mittellose Stadtbevölkerung und die Indigenen vom Land zusammengerückt, zum ersten Mal in der nationalen Geschichte empfanden sich die Heimkehrer abseits von Rassismus und kultureller Fremdheit als Schicksalsgemeinschaft.

Nach ihrer Rückkehr in den Alltag wollten sie Mitbestimmung. Gewerkschaften und Parteien erlebten eine Blütezeit, die Stimmen nach Wandel wurden lauter. Bald war der soziale Druck auf die Regierung so groß geworden, dass der Militärpräsident David Toro die nach der Sowjetunion weltweit zweite Verstaatlichung von Bodenschätzen dekretierte. Standard Oil wurde im März 1937 mit dem Vorwurf enteignet, es habe im Krieg heimlich Benzin an Paraguay geliefert. Überdies mussten ab 1939 alle Einnahmen aus dem Bergbaugeschäft über Boliviens Zentralbank abgewickelt werden, und auch die Devisenströme aus dem boomenden Zinkgeschäft liefen nun durch staatliche Stellen.

Mit der Nationalisierung aller Ölfelder, Fördertürme und Pipelines war YPFB geboren. »Die Wichtigkeit des Erdöls in der Welt, seine wirtschaftliche Bedeutung und sein Wert für den

Staat erfordern es jeden Tag mehr, dass diese Ressourcen unter der direkten Kontrolle der Nation stehen«, so die Präambel des YPFB-Gründungsgesetzes. Auf Druck Washingtons zahlte La Paz dem Rockefeller-Unternehmen eine Entschädigung von 1,75 Millionen US-Dollar. Die eigene Verwaltung des Rohstoffs zeitigte bald sichtbare Erfolge. 1954 brauchte Bolivien kein Öl mehr zu importieren, YPFB stellte genug Brennstoff her, um nach Deckung des Binnenmarktes auch ins gewinnträchtige Exportgeschäft einsteigen zu können.

PUTSCHISTEN DER SELBSTBESTIMMUNG

Diese für Boliviens Eigenständigkeit vorteilhafte Entwicklung dauerte nur kurz. Mitte der fünfziger Jahre trat der Internationale Währungsfonds auf Boliviens Bühne auf. Über den Machtanspruch, den die USA mit der massiven Aufstockung der Entwicklungs- und Militärhilfe um 500 Prozent an die Regierungen der Revolution von 1952 stellte, konnte der IWF seinen Einfluss auf das Regierungshandeln direkt geltend machen. Bereits 1955 erklärte sich Präsident Paz Estenssoro zu einem ersten »Liberalisierungsprogramm« bereit. US-Juristen formulierten eigens den *Davenport Code*, der internationale Energiemultis erstmals nach der Verstaatlichung von 1937 wieder in Bolivien Fuß fassen ließ. Über zehn Firmen erhielten großzügige Lizenzen für die Erkundung und Ausbeutung neuer Ölvorkommen, die Abgabenlast lag bei nur 20 Prozent.

Als in den sechziger Jahren Gasfelder entdeckt wurden, legte der rechte Diktator René Barrientos eine absichtlich unklar formulierte Bestimmung des *Davenport Codes* über die Eigentumsrechte an entdeckten Rohstoffen gegen den Staat und zum Vorteil privater Energiefirmen aus. Allen voran stand die Gulf Oil Company aus den Vereinigten Staaten, die 80 Prozent des Öls und 90 Prozent des Gases kontrollierte, was den bolivianischen Autor Augusto Céspedes angesichts der Schwäche des

Staates zu der Aussage verleitete, die »Souveränität ist reine Theorie«.

Um dem drohenden Ausverkauf einen Riegel vorzuschieben und einen Prozess der Industrialisierung in Ganz zu setzen, putschten sich 1969 und 1970 nacheinander die linksgerichteten Militärs Alfredo Ovando Candía und Juan José »J. J.« Torres mit Unterstützung sozialistischer Intellektueller an die Macht, annullierten den *Davenport Code* und verstaatlichten abermals die Ölindustrie. 80 Millionen US-Dollar Entschädigung an die Gulf Oil kostete die Andennation die Rückgewinnung der Souveränität über den strategischen Rohstoff.

Aber auch dieses Blatt wendete sich schnell. Als General Hugo Banzer 1971 mit Hilfe der USA und nach mehrtägigem Blutvergießen vom Palacio Quemado Besitz ergriff, floh Torres nach Buenos Aires. Dort wurde er 1976 während der Militärjunta Jorge Videlas von Agenten der Operation Condor entführt und ermordet. Bis heute wird »J. J.« von der armen Bevölkerung Boliviens als Idol verehrt.

»GONI« ORGANISIERT DEN AUSVERKAUF

Nach der Rückkehr zur Demokratie im Jahr 1982 setzte die Machtelite für den Ausverkauf von Öl und Gas weitaus geschicktere Mittel ein, die für die Bolivianer schwerer zu durchschauen waren und international weniger Staub aufwirbelten. Mit Beginn der NEP Mitte der achtziger Jahre hatten sich Unternehmer im In- und Ausland unter Beihilfe der heimischen Politiker darangemacht, überall das Image von YPFB als einem »ineffektiven Staatsbetrieb« zu streuen. YPFB sollte dasselbe Schicksal ereilen wie COMIBOL.

Schritt für Schritt waren dem Zugpferd der Wirtschaft die Zügel angelegt worden. 1985 beschloss das Parlament ein Gesetz, das 65 Prozent der YPFB-Einnahmen an die Staatskasse weiterleitete, so dass der Firma kein Geld mehr für neue Investitionen zur Verfügung stand. 1986 handelte die Regierung Estenssoro unter Leitung des Planungsministers Sánchez de Lozada mit Argentinien einen Vertrag aus, der dem Nachbarland das Gas »zu freundschaftlichen Bedingungen« meilenweit unter Weltmarktpreis lieferte.

Derart ausverkauft, war es »Goni« und seiner Unternehmerclique ab Mitte der neunziger Jahre ein Leichtes, der Öffentlichkeit das Märchen von den Vorteilen des totalen Rohstoffexports und der Privatisierung des ramponierten Staatsunternehmens aufzutischen. Mit der Zerschlagung von YPFB 1997 nahm »Goni« dem bolivianischen Staat nicht nur ein potentes Unternehmen aus der Hand, auch die YPFB-Vertreter wechselten in die private Energieindustrie. Hohe Funktionäre und Politiker wie Arturo Castaños, Carlos Alberto López, Hugo Peredo oder Herbert Müller verdienten in Unternehmen wie der brasilianischen Petrobras Bolivia und YPF-Argentina sowie den aus YPFG hervorgegangenen Ölfirmen Chaco, Andina und Transredes weiter persönlich am Energiebusiness. Sie alle hatten Boliviens Staatsbetriebe und Bodenschätze »im Namen aller bolivianischen Bürger« privatisiert und gaben sich nach außen als von »Sachverstand« geleitete »unparteiische Spezialisten«.

Für die gesamte Zeit der neoliberalen Regierungen ließe sich die Liste des korrupten Filzes fortsetzen. Durch die Verquickung von Politik und Wirtschaft flossen Gas und Öl zu Spottpreisen, ohne große Abgabenlast sowie ohne Nutzen für Bolivien aus dem Land. Das Geschäft machten ausschließlich die Multis im Ausland und die kleine Elite daheim. In Santa Cruz und La Paz residierten die Agenten des *Washington Consensus* und deren Familien in prunkvollen Palästen, sie gründeten eigene Parteien und Banken, bauten Schulen, Universitäten und Supermärkte und zementierten so ihre Vorherrschaft.

Hinter den Gesetzen zur Privatisierung der YPFB und der anschließenden Übertragung der Bodenschätze an die Energiefirmen stand als entscheidende Triebkraft die Weltbank. Ihr *Energy Sector Management Assistance Program* (ESMAP) stellte

Kredite und Fachleute für die Zerschlagung des Staatsunternehmens bereit, die konkrete Strategie zur Privatisierung wiederum war in den Büros der US-amerikanischen Beraterfirma Booz, Allen & Hamilton entwickelt worden, die der bolivianischen Regierung ihre Direktiven Ende 1994 vorlegten.

Den Weltbank-Plan in der Tasche und die Gier nach mehr in den Köpfen, hatten sich die Machthaber in Bolivien an die Arbeit gemacht. Es wurde mit allen zur Verfügung stehenden Kniffen der Täuschung und Vertuschung manövriert. Zwei Tage vor Ende seiner Amtszeit erließ Sánchez de Lozada 1997 das Dekret Nr. 24 806, das alle Gas- und Ölvorkommen den Energieunternehmen übertrug. Hinter einer propagandistischen Nebelwolke verschleiert, wurde verhindert, dass die Öffentlichkeit Wind von dem Ausverkauf bekam. Niemand außer dem Präsidenten, Kapitalisierungsminister Alfonso Revollo Thenier und Minister der Regierung Carlos Sánchez Berzaín kannte den skandalösen Inhalt des Dekrets. Lange blieb der Gesetzestext im Verborgenen, das scheidende Staatsoberhaupt hatte die vorgeschriebene Veröffentlichung im nationalen Blatt *Gaceta Oficial de Bolivia* verhindert.

Erst später sickerte durch, was Sánchez de Lozada im Alleingang beschlossen hatte. »Auf Druck der Energieunternehmen wurde das Dekret von einem Tag auf den anderen ausgearbeitet und im Geheimen im Regierungspalast verabschiedet«, berichtet die Tageszeitung *La Prensa* unter Bezugnahme auf redselige Regierungsfunktionäre.

Die Geheimnistuerei um das Dekret Nr. 24 806 wundert nicht, denn das Gesetz war ein Milliardengeschenk an die Multis. Die fossilen Brennstoffe gehörten jetzt ganz und gar ihnen, über Verwendung, Preise, Investitionen und Fördermengen konnten die Firmen eigenständig entscheiden. Für Leute wie Minister Revollo hatte sich die Privatisierung persönlich bezahlt gemacht, und nicht nur er besaß ein dickes Aktienpaket der Shell-Filiale vor Ort.

Auch die gesamte Infrastruktur des Energiegeschäfts hatten

die neoliberalen Regierungen weit unter Wert verscherbelt. Die zwei größten YPFB-Raffinerien Gualberto Villarroel in Cochabamba und Guillermo Elder Bell in Santa Cruz hatte Präsident Banzer 2001 zum lächerlichen Preis von 102 Millionen US-Dollar an die Empresa Boliviana de Refinación (EBR), ein Tochterunternehmen der brasilianischen Petrobras, verkauft. Das Pipelinesystem von YPFB war einfach so an die Unternehmen »übergeben« worden, die das Netz zum Dank »betreiben« würden. Auch Deutschland bekam etwas vom Kuchen der zerlegten Staatsfirma ab; mit dem deutsch-peruanischen Konsortium *Compañía Logística de Hidrocarburos Boliviana* (CLHB) erhielt das Unternehmen Oiltanking für 40 Jahre eine Lizenz für die Lagerung und den Pipelinetransport von Öl.

Das Nachsehen hatte wie immer die arme Bevölkerung. Im Inland stiegen die Preise für Gaskartuschen, mit denen ganz Bolivien die Küchenherde befeuert, sowie die Benzinkosten schlagartig um 70 bis 100 Prozent an. Um diesen Teuerungseffekt abzufangen, begann die Regierung die Brennstoffe mit Steuergeldern zu subventionieren, was den Haushalt schwer belastete. Die Multis scherten sich wenig um die Versorgung des Binnenmarktes mit billiger Energie, viel einfacher war der Abtransport auf den Weltmarkt, wo höhere Gewinnspannen lockten. »Für jeden investierten Dollar verdient eine Erdölfirma zehn Dollar«, bestätigt Roberto Maella, Chef von Repsol YPF. Je mehr Gas exportiert wurde, desto ärmer wurde das Land. Mehr als die Hälfte des Benzins musste das Erdölland teuer importieren, eine wirtschaftlich absurde Situation.

Auch dass das Dekret Nr. 24 806 illegal war, störte in La Paz wenig. Die dritte Klausel der Norm hatte die Multis zu den neuen Eigentümern der Gas- und Ölvorkommen deklariert, was einen klaren Verfassungsbruch darstellte. Laut Artikel 139 der Verfassung standen die Gas- und Ölreserven »unter der direkten, unveräußerlichen und unverjährbaren Kontrolle des Staates«, und »weder eine Konzession noch ein Vertrag kann das Eigentum über die fossilen Brennstoffe übertragen«.

Während der Öffentlichkeit glaubhaft gemacht worden war, die Unternehmen würden 50 Prozent der Gewinne als Steuern abführen, war auf Anraten der Weltbank-ESMAP-Initiative das Gesetz Nr. 1689 über die Kohlenwasserstoffe reformiert worden. Die Bodenschätze in der Erde gehörten auf dem Papier zwar weiterhin dem Staat, die Energieunternehmen wurden jedoch in dem Moment zu Eigentümern, wenn Gas und Öl durch den Förderturm zutage kamen, konstruierte die spitzfindige Gesetzesnovelle Verfassungskonformität.

Für eine Senkung der Abgabenlast der Unternehmen hatten die Juristen etwas besonders Haarsträubendes ersonnen. Bei den Gas- und Ölreserven wurde zwischen »bestehenden« und »neu entdeckten« Vorkommen unterschieden. Die »bestehenden« Quellen wurden mit 50 Prozent besteuert, die »neuen« nur noch mit 18 Prozent, dem niedrigsten Steuersatz für Gas und Öl auf dem gesamten Kontinent. Hinter dem Rücken der Bolivianer wurden 1996 sage und schreibe 95 Prozent der Vorkommen als »neu« klassifiziert. Als niemand mehr über das Thema sprach, wurde zwei Jahre nach Inkrafttreten der Bestimmung die Katze aus dem Sack gelassen.

Die Privatisierung des Gas- und Ölgeschäfts, so hatte Sánchez de Lozada in seiner ersten Amtsperiode noch lauthals versprochen, werde Boliviens Energiesektor durch mehr Investitionen aus dem Ausland modernisieren und vergrößern, die Produktion würde professioneller und intensiviert – und dem Land einen Geldregen bescheren. In der Tat förderte Bolivien bis zum Jahr 2003 135 Prozent mehr fossile Brennstoffe als zuvor. Doch waren die realen Einnahmen, die im Land blieben, nur um zehn Prozent gestiegen. Entgegen ihren Ankündigungen hatten die Multis weder neue Gas- und Ölvorkommen erkundschaftet noch neue Pipelines oder Raffinerien gebaut.

Im Parlament, vor Gerichten und auf der Straße lief die Opposition Sturm, doch vergebens. Alle juristischen Einwände und Bedenken prallten an der Regierung ab. Als Evo Morales, der seit 1993 im Parlament saß, vor dem Obersten Gerichtshof

Klage gegen Dekret Nr. 24806 einreichte, stießen er und seine Mitstreiter auf eine Mauer des Schweigens. Der Präsident persönlich hatte die Richter ernannt. Die Juristen ließen die Verfassungsklage gegen den ungehemmten Ausverkauf einfach unbearbeitet liegen. Forderungen nach einer Reform des Kohlenwasserstoffgesetzes prallten an der Arroganz der Macht und den harten wirtschaftlichen Interessen ab. »Der Staat bin ich«, hatte Sánchez de Lozada in einem TV-Interview jede Kritik an seiner Politik beiseitegewischt.

Im August 2003 bemitleidete »Goni« sich selbst. »Es war ein schweres Jahr«, lamentierte er über sein Volk, das sich »wie ein trotziges Kleinkind« benehme. Offenbar hatte der Präsident die Zeichen der Zeit nicht verstanden, die der massive Widerstand der Bevölkerung gegen den *Impuestazo* allzu deutlich gemacht hatte. Es schien ihm entgangen zu sein, wie geschwächt seine Legitimität und wie gestärkt die Opposition im Parlament und auf den Straßen waren.

In blinder Selbstüberschätzung sollte die Regierung Sánchez de Lozada den Grund für das Ende ihrer Herrschaft bald selbst liefern. Trotz strikter Geheimhaltung waren weit gediehene Pläne für ein Gasgeschäft, das die Regierung mit dem Konsortium Pacific LNG abzuschließen beabsichtigte, an die Öffentlichkeit gedrungen. Das Gas des Megafeldes Margarita, das vor Ende der neunziger Jahre im *Departamento* Tarija an der Südgrenze zu Argentinien entdeckt worden war, sollte von British Gas (BG), British Petroleum (BP) und der spanischen Repsol YPF nach Kalifornien und Mexiko exportiert werden. Über eine neu zu bauende Pipeline sollte das Gas zum Pazifik geleitet werden, dort verflüssigt und in speziellen Tankschiffen gen Norden verschifft werden.

Als Exporthafen und Standort der Verflüssigungsanlagen sollte das chilenische Mejillones am Pazifik dienen, das just auf jenem Küstenstreifen lag, den Bolivien im traumatischen Salpeterkrieg an den Erzfeind verloren hatte.

Ein lauter Aufschrei ging durch die ganze Gesellschaft, eine hitzige Debatte um den Gasexport entbrannte. Wenn schon das Gas an die *Gringos* verkaufen, dann über Häfen in Peru, erregten sich revanchistische Stimmen des konservativen Lagers. Der lauteste Protest kam von der Straße. Die sozialen Bewegungen der Bauern, *Cocaleros*, Bergarbeiter und mittellosen Stadtbewohner von Santa Cruz über Cochabamba bis El Alto lehnten die Exportpläne einstimmig ab. »Boliviens Gas wird nicht verkauft!« war die Losung der Stunde. Bis zur Erschöpfung wurde die Forderung vorgetragen, das Gas und Öl müsse zum Wohle des Landes für die Herstellung von Produkten wie Dünger und Plastik oder den Bau von Wärmekraftwerken zur Stromerzeugung industrialisiert werden.

Doch man stieß auf taube Ohren – ein folgenschwerer Fehler der Regierungsstrategen. Boliviens Linke in Gestalt der bunten sozialen Bewegungen und der von Evo Morales hatte zum ersten Mal eine gemeinsame Agenda gefunden. Die Allianz gegen die »korrupten Politiker« war geboren, ein Block der ewig Ausgegrenzten setzte zum Rundumschlag gegen die alten Machthaber an.

Der Bauernbund CSUTCB, die Minenarbeitergewerkschaft FSTMB, die Vereinigung der Nachbarschaftsräte von El Alto, FEJUVE, der wiedererstarkte Gewerkschaftsverband COB, die Organisation der Aymara, CONAMAQ, Studenten, Angestellte, Lehrer, das Sammelbecken linker Parteien vereint in der MAS, sie alle schweißten im Oktober 2003 vier Forderungen zusammen: die Verstaatlichung der Bodenschätze, um sie dem Zugriff der Multis zu entziehen, und ihre Rückführung in den Besitz der Allgemeinheit, die Ausarbeitung eines Programms für die Industrialisierung des Gases und die Revision des für Bolivien nachteiligen Kohlenwasserstoffgesetzes. Und per Referendum hatte das Volk über den Gasexport zu entscheiden. Über die Tagespolitik hinaus müsse Bolivien als eine Nation von 36 Ethnien durch die Wahl einer verfassungsgebenden Versammlung »neu gegründet« werden. Auch das in den Händen einiger weniger Großgrundbesitzer konzentrierte Land müsse durch eine Agrarreform gerechter verteilt werden.

Die Stoßrichtung dieses Konzepts war der Systemwechsel. »Damit wollen wir das neoliberale Modell von Grund auf verändern und gleichzeitig den Sozialpakt, welcher der gesellschaftlichen und kulturellen Wirklichkeit unseres Landes nicht mehr in ausreichendem Maße gerecht wird, den Verhältnissen anpassen«, hieß es im MAS-Parteiprogramm, das in unzähligen Treffen zusammen mit den sozialen Bewegungen ausgearbeitet worden war.

Als bekannt wurde, dass das Gas für Kalifornien zum Preis von 70 US-Cent pro eine Million Kubikfuß über den Ladentisch gehen sollte – obwohl der Weltmarkpreis zwischen 2 und 4,5 US-Dollar lag, verkauften die Multis für 1,7 US-Dollar an den größten Gasempfänger Brasilien –, wuchsen die Proteste gegen die Regierung ins Unermessliche. LNG hätte einen Jahresgewinn von 1,9 Milliarden US-Dollar erzielt, das zuständige Pipelineunternehmen eine Milliarde verdient. Mit 190 Millionen US-Dollar pro Jahr wäre nur ein Zehntel aus dem Ressourcenreichtum im Land geblieben.

Diese Fakten waren ein Schlag ins Gesicht, mit dem LNG-Deal planten die »Vaterlandsverkäufer« in La Paz wahrhaftig ein neues Potosí. Im Gas hatte die ganze Nation die Chance auf eine bessere Zukunft gesehen. Ohne den Rohstoff konnte nicht einmal mehr Chile, das vom Energieimport abhängig ist, unter Druck gesetzt werden, damit es mit dem Binnenland über den Zugang zum Pazifik verhandelte.

RÜCKTRITT WIDER WILLEN

Der Generalstreik fing um 8.30 Uhr am Morgen an, ganz El Alto stand still. Es war der 8. Oktober 2003, der Gaskrieg hatte begonnen. Gewerkschaftler, Studenten und Arbeiter riegelten die Straßen nach La Paz ab, die Hauptstadt war vom Rest des Landes abgeschnitten. Die Protestmaschine der sozialen Bewegungen war angelaufen und nicht mehr anzuhalten. In den beliebten Tourismusorten Warisata und Sorata nördlich der Hauptstadt war es zu ersten Toten gekommen. Weil durch die Aktion gegen das Gasgeschäft Hunderte Touristen aus Europa und den USA mit ihren Reisebussen feststeckten, schickte die Regierung auf dringende Bitte der US-Botschaft Militär. Bei dem gewaltsamen Einsatz starben sechs Indigene.

Die staatliche Repression vereinte Land und Stadt, allerorts wurde entrüstet Solidarität bekundet. Aus der Minenstadt Huanuni hatten sich 500 Minenarbeiter auf den Marsch in die Hauptstadt gemacht, in Oruro und Potosí waren ganze indigene Kommunen losgelaufen, von Santa Cruz kamen 5000 Protestierende, um den Verkauf des Gases zu verhindern. Bei Scharmützeln mit den Sicherheitskräften war es zu Verwundeten gekommen, die Polizei hatte scharf geschossen.

Am 11. Oktober gab es ein Blutbad. Weil in La Paz der Treibstoff ausging und kaum noch Autos fuhren, gab die Regierung den fatalen Befehl, die Straßenblockaden für eine Kolonne von Tanklastern mit Treibstoff um jeden Preis zu durchbrechen. Als sich Tausende *Alteños* dem militärischen Begleitposten entgegenstellten, gab es in Villa Ballivían ein Todesopfer: Wálter Huanca Choque starb durch einen Schuss in den Kopf. Die Tanklaster aber waren nicht durchgekommen.

Ein zweiter Versuch am Abend endete in einer zweistündigen Straßenschlacht, mit Stöcken, Steinschleudern und Molotow-Cocktails stellten sich die vermummten Demonstranten dem Militärkonvoi in den Weg. Von allen Seiten attackiert, schleppten sich die Benzintransporter langsam in Richtung Hauptstadt, die Soldaten und Polizisten schossen aus allen Rohren. Eine der Kugeln flog vier Straßenblöcke weit ins Gesicht des fünfjährigen Álex Llusco Mollericona. Die Nachricht vom Tod des Kindes versetzte El Alto in Raserei. »Goni Mörder, Goni Mörder!«, kamen die Erinnerungen an den »Schwarzen Februar« wieder hoch.

Der nächste Tag verlief noch blutiger. Aus Hubschraubern, von Dächern und *Pasarella*-Brücken schossen Scharfschützen auf Passanten und Demonstranten gleichermaßen. In seinem Erfahrungsbericht *Agonie und soziale Rebellion* beschreibt Téofilo Balcázar den Tag, an dem er und seine Frau im *Barrio* Río Seco einen Verwandten besuchten. Während sie zu Tisch saßen, hörten sie von der Straße Schüsse. Im selben Augenblick sackte seine Frau zusammen. Eine Kugel, die durch das dünne Mauerwerk gedrungen war, hatte Teodosia Mamani getötet. Sie war im vierten Monat schwanger gewesen. Ein paar Häuser weiter starb Juana Valencia durch einen Kopfschuss, als sie von ihrem Bett aufstand, um das Fenster zu schließen. An Nemesio Siancas García, einem Rekruten aus Santa Cruz, wurde in Río Seco ein Exempel statuiert, weil er das Töten verweigerte. Sein Vorgesetzter schlug ihm die Zähne aus und erschoss danach den jungen Mann. Er war nicht der einzige Soldat, der nicht auf Zivilisten schießen wollte. Dennoch waren am Abend des 12. Oktober 28 *Alteños* ums Leben gekommen.

Für Sánchez de Lozada steckten hinter dem Volksaufstand gegen seine unsoziale Politik »Terroristen des Leuchtenden Pfades« aus Peru und *Cocaleros* vom Chapare. Diese Staatsfeinde seien von »kolumbianischen Terrorgruppen« trainiert, die mit »einem enormen Subversionsprojekt die bolivianische Demokratie zerstören wollen«, flüchtete sich der Präsident in fantastische Ausreden. In einem CNN-Interview verglich er sich mit »dem kleinen holländischen Jungen, der mit einem Finger versucht, das Leck im Damm der Demokratie zu stopfen«. Er ignorierte die harte Realität in seinem Land und war nicht gewillt, das Zepter der Macht aus der Hand zu geben.

»Ich werde nicht zurücktreten, weil meine Frau weiter First Lady sein will«, beharrte Sánchez de Lozada auf sein Amt, obwohl sein »Beliebtheitsgrad« in Meinungsumfragen auf acht Prozent gesunken war. Während im ganzen Land die repressive Gewaltwelle die Bevölkerung erschütterte, unterstützten die Vereinigten Staaten ihren Günstling weiter. Der »demokratisch gewählte Präsident« habe sich voll und ganz für »eine gerechte und prosperierende Zukunft aller Bolivianer« engagiert, setzte sich der Sprecher des Weißen Hauses für die »demokratische und verfassungsgemäße Ordnung« ein.

Doch die Mehrheit der Bolivianer wollte Sánchez de Lozada absetzen. Am Abend des 12. Oktobers schrieb ein Anführer des Bürgerkomitees von Santa Rosa in El Alto die nahe Zukunft mit klaren Worten an die Wand: »Wir werden nicht wegrücken, bis ›El Gringo‹ weg ist. Er ist hier in El Alto nicht länger Präsident. Wir regieren hier. Wir werden niemandem erlauben, unser Erdgas zu exportieren, und schon gar nicht in die Vereinigten Staaten über Chile. Das Gas gehört uns, und wir wollen es für unsere Kinder und Enkel, damit sie nicht so leben müssen, wie wir es tun. Unser Gas ist für ihre Zukunft.«

400 000 Aymara und Quechua strömten am 17. dieses »Schwarzen Oktobers« vor den Regierungssitz an der Plaza Murillo. An jeder Ecke waren Blockaden, ausgehobene Straßengräben, Lagerfeuer, Nachtwachen, Sitzblockaden und Hungerstreiks. Explosionen erschütterten die Mauern des Palacio Quemado. Im Viertel La Ceja von El Alto war der Zugang zur Hauptstadt mit Lkws verbarrikadiert worden, die von einer Brücke herabgestürzt worden waren. Die Menge der *Alteños* und ihrer Verbündeten, die vom Land mit Autos, Fahrrädern, Bussen oder zu Fuß gekommen waren, um den Präsidenten zu stürzen, glich einem wogenden Meer. Die Frauen waren in schwarze Trauerkleidung gehüllt, die rot-gelb-grüne Nationalflagge wehte neben der bunt karierten *Wiphala*. Die angriffsbereiten Panzer der Streitkräfte hatten sich zurückgezogen, zu gewaltig war der größte Protestmarsch seit der Revolution von 1952.

Am selben Abend war der Spuk zu Ende. In einer Ambulanz versteckt, war Sánchez de Lozada dann per Hubschrauber überstürzt ins Tiefland nach Santa Cruz geflohen, um sich vom Flughafen Viru Viru nach Miami abzusetzen. Während ein zweigeteiltes Fernsehbild auf der einen Seite zeigte, wie »Gonis« verfassungsgemäßer Nachfolger, Vize Carlos Mesa, eine Hand auf die Bibel legte und die andere zum Präsidenteneid in die Luft hob, verfolgten die Bolivianer erleichtert, wie das Flugzeug mit dem geschassten Präsidenten am Himmel verschwand. »Der *Gringo* fährt in sein Land zurück!«, bejubelten Hunderttausende ihren errungenen Sieg über das alte System. Den Ausverkauf vom Gas hatte die indigene Bevölkerungsmehrheit kraft ihres selbst organisierten Aufstandes verhindert.

»Nach 20 Jahren Neoliberalismus dokumentiert sich die Teilhabe Boliviens an der Moderne lediglich in einer Zunahme der Luxuskarossen, in denen die wirtschaftliche und politische Elite herumkutschiert, oder in den Internetcafés, die den Bolivianern die Illusion vermitteln, auch irgendwie an der Globalisierung teilzuhaben«, zieht im Oktober 2003 Walter Chávez, Chefredakteur der bolivianischen Ausgabe von *Le Monde diplomatique*, verbittert einen Schlussstrich. Die Zukunft, jetzt aber lag sie in den Händen der sozialen Bewegungen.

10. ENDE DER PLÜNDERUNG?

»Auf der Welt gibt es große und kleine, arme und reiche Länder, aber in einer Sache sind wir alle gleich: In unserem Recht auf Würde und Souveränität ... Wie kann es sein, dass seit dem 6. August 1825 keine natürlichen Ressourcen in unserem Land industrialisiert worden sind? Warum müssen die Rohstoffe exportiert werden? Wie lange noch soll Bolivien ein Exporteur von Rohstoffen bleiben?«

Präsident Evo Morales in seiner Antrittsrede am 22. Januar 2006

Es war ein Überraschungscoup, mit dem doch jeder insgeheim gerechnet hatte. Am frühen Nachmittag des 1. Mai 2006 besetzten militärische Truppen und Polizei 56 Öl- und Gasfelder sowie zwei Erdölraffinerien in den *Departamentos* Tarija und Santa Cruz. Von den qualmenden Industrieanlagen und kilometerlangen Pipelines Richtung Brasilien und Argentinien der Konzerne Petrobras und Repsol YPF wehten bolivianische Fahnen, von den verspiegelten Glasfassaden der Firmensitze der einst privatisierten YPFB baumelten riesige Spruchbänder: *Nationalisiert! Eigentum des bolivianischen Volkes!* Boliviens erster indigener Präsident hatte 99 Tage nach seiner Amtseinführung Ernst gemacht und ließ Gas- und Ölfelder sowie die gesamte Infrastruktur des Energiebusiness besetzen.

Als erster Staatschef in der Geschichte der Republik hatte Morales es fertiggebracht, bei einer Präsidentenwahl im ersten Wahlgang die absolute Mehrheit der Wählerstimmen auf sich zu vereinen. Mit 54 Prozent war die Symbolfigur des »Prozesses des Wandels« direkt ins Amt gewählt worden. Das sonst nach Wahlen übliche Geschacher im Kongress war nicht nötig, mit dem Stimmzettel hatten Boliviens Indigene ein neues Kapitel in der Geschichte aufgeschlagen.

»Evo cumple!«, der Präsident hält Wort! Überall auf der Welt war die Verkündung der Nationalisierung der Öl- und Gasindustrie auf dem San Alberto im Süden des Landes Nachricht Nummer eins. Alle sollten Zeuge sein beim Ende der Privatisierung, welche die Bevölkerung hatte ausbluten lassen. Weder der an diesem Tag heftige Südwind konnte die Landung der Herkules-Maschine in Caraparí im *Departamento* Tarija verhindern, mit der sich der Staatschef samt Regierungsmannschaft am Morgen von der Hauptstadt aus auf den Weg gemacht hatte, noch illoyale Regierungsmitarbeiter, die zwei Tage zuvor versucht hatten, geheime Informationen an die Erdölfirmen zu verkaufen.

Live schalteten sich CNN und BBC auf die vom Staatskanal 7 übertragene Zeremonie des Aymara Evo Morales, der, einen weißen YPFB-Schutzhelm auf dem Kopf und einen bunten Blumenkranz um den Hals, das Dekret Nr. 28 701 »Helden des Chaco« verlas. »Es ist der Moment gekommen, auf den alle gewartet haben, an dem Bolivien die absolute Kontrolle über seine Bodenschätze wiedererlangt«, verkündete Morales um exakt 12.40 Uhr das »Ende der Plünderung«.

Medienwirksam setzte er sein Wahlversprechen, Öl und Gas erstmals nach 1937 und nach der Revolution von 1952 wieder in staatliche Hand zu legen, mit dem Nationalisierungsgesetz in die Tat um. Tausende MAS-Anhänger waren in La Paz auf die Plaza Murillo geströmt, per Radioübertragung hatten sie *Compañero Evo* gebannt gelauscht. Als die Lautsprecher die Botschaft ausspukten, lag sich die frenetische Menschenmenge freudetaumelnd in den Armen. Die Opfer des »Schwarzen Februars« und des »Schwarzen Oktobers« waren nicht umsonst gewesen. »Bolivien ist das erste Land auf dem Kontinent, das seine fossilen Brennstoffe nationalisiert hat; die von heute ist die dritte und definitiv letzte Nationalisierung unserer Bodenschätze«, gab sich Morales zuversichtlich.

PANIKMACHE DES NORDENS

Die »internationale Gemeinschaft« hingegen zeigte sich entsetzt. Im Namen der Europäischen Union brachte Kommissionssprecher Johannes Laitenberger die »Besorgnis über das Nationalisierungsgesetz der bolivianischen Wirtschaft« zum Ausdruck, man hätte sich vor der »Verabschiedung dieser Maßnahmen einen Prozess vorheriger Konsultationen« gewünscht. Javier Solana, der spanische EU-Außenkommissar, wies Bolivien unterschwellig drohend auf die Folgen hin, die ein »Verlust der ausländischen Direktinvestitionen« für die nationale Wirtschaft haben könnte. Großbritanniens Premier Tony Blair gab der Regierung Morales den gut gemeinten »Rat«, ihre Macht auf »verantwortungsvolle Weise« zu nutzen. Aus Madrid machte sich Spaniens Regierungschef José Luis Rodríguez Zapatero für »Investoren und Rechtssicherheit« zum Schutze der »spanischen Interessen« stark, scheinheilig forderte sein Außenminister »gegenseitigen Respekt« ein. Auch UN-Generalsekretär Kofi Annan blies ins dumpfe Horn der freien Marktwirtschaft: »Die Investoren benötigen Voraussetzungen, die über einen mittleren und längerfristigen Zeitraum stabil bleiben. Ohne die ist ein Handel zu beiderseitiger Zufriedenheit und Nutzen nicht möglich.« Genau dafür waren die sozialen Bewegungen aber doch auf die Straßen gegangen.

Am lautesten ließ das Weiße Haus die Alarmglocken schrillen. Ohne Zögern verlautbarte George W. Bush die »Erosion der Demokratie«. Schon im Februar 2005, als sich der Wahlsieg der MAS immer klarer abzeichnete, hatte US-Außenministerin Condoleezza Rice Bolivien zusammen mit Venezuela, wo seit 1999 der Sozialist Hugo Chávez regierte, in die »Achse des Bösen« eingereiht und Morales als »Demagogen« bezeichnet.

Im prominenten Strategiepapier »*Roadmap* globale Zukunft« des Pentagons von 2005 waren Morales und MAS noch als »terroristische Gefahr« eingestuft worden, nachdem US-Botschafter Manuel Rocha im Frühjahr 2001 den populären Anführer der sozialen Bewegungen als »bolivianischen Bin Laden« ausgegeben hatte. Die *Cocaleros* vom Chapare seien gefährliche »Anden-Taliban«, sollte die MAS an die Macht kommen, würden die Vereinigten Staaten die gesamte Entwicklungshilfe streichen. Ein empfindlicher Schlag, hingen damals fast zehn Prozent des nationalen BIP und so gut wie 100 Prozent der öffentlichen Investitionen von den Überweisungen der »Entwicklungshelfer« ab.

Der Terrorverdacht war nicht nur eine rhetorische Figur. Das im Nachbarland Paraguay stationierte »Kommando Süd« operierte nach einem Strategiekonzept, das nach den Anschlägen von New York am 11. September 2001 auch den südamerikanischen Kontinent in den »Krieg gegen den Terror« hineinzog. Als erstes von sieben Zielen firmierte die »Sicherstellung des freien Flusses von Energie zu den internationalen Märkten«. Punkt sechs sah ein militärisches Eingreifen bei »Unterstützung von terroristischen Organisationen« vor. Nur 250 Kilometer von Boliviens Grenzen standen 2500 Marines, Bomber und Truppentransporter Gewehr bei Fuß. Niemand in La Paz konnte wirklich abschätzen, wie Washington reagieren würde.

FAIRE PREISE – MEHR NICHT!

Allen Unkenrufen zum Trotz war Morales' »Nationalisierung nach bolivianischem Modell« keine klassische Verstaatlichung im Sinne einer Enteignung von Privateigentum. »Lassen Sie mich klarstellen, dass wenn wir von Nationalisierung sprechen, wir nicht von Enteignung und Ausweisung aus dem Land reden. Wir reden von einer neuen Formel, die unser Verhältnis zu den Investoren definiert. Diese Formel ist sehr einfach: Wir wollen Partner, keine Chefs. Der Staat und die Menschen verdienen Respekt, genauso wie die rechtschaffenen Unternehmen. Diese Formel beruht auf der Grundlage des Gleichgewichts, der Gegenseitigkeit und des beidseitigen Respekts«, zerstreute

Morales im französischen Journal *Politique Internationale* die Befürchtungen vor einem »zweiten Kuba«.

Mit Inkrafttreten des Dekrets Nr. 28 701 wurde die »Wiedergründung von YPFB« angeordnet, das, ausgestattet mit einem soliden Budget, Neuerkundungen, Produktion, Verteilung und Verwendung des geförderten Gases und Öls kontrollieren würde. Das Staatsunternehmen hatte damit die alleinige Handlungsmacht über die fossilen Brennstoffe zurückgewonnen. Die im Lande operierenden Energiemultis durften zwar weiter Gas und Öl im Auftrag von YPFB fördern, wurden jedoch dazu verpflichtet, die gesamte Infrastruktur für einen angemessen Preis an Bolivien zu verkaufen sowie die Förderlizenzen mit der Regierung neu auszuhandeln. Wer sich Neuverhandlungen verweigerte, hatte das Land mit leeren Händen zu verlassen.

Ab dem 1. Mai hieß es: Gewinne teilen – eine für die hohe Profitraten gewohnten Multis ungewohnte Situation. Die laufenden Neuverhandlungen waren darum die Ursache für die geheuchelte Aufregung seitens der Konzerne und Regierungen in Europa und Nordamerika. Die »Überraschung« von der »einseitigen Verstaatlichung« hatte das Ziel, die neue politische Führung als »unberechenbare Regierung« in den Schmutz zu ziehen, die Skandalisierung sollte eine bessere Verhandlungsbasis schaffen und war allein dazu da, Zeit zu schinden.

Hinter verschlossenen Türen hatten MAS-Regierung und Energiefirmen schon seit zwei Monaten hart um die neuen Förderbedingungen gerungen. Und nachdem La Paz nach dem 1. Mai eine 180-Tage-Frist zweimal verlängert hatte, fügten sich die im Land verbliebenen Unternehmen Petrobras Bolivia, Petrobras Energía, Repsol YPF, Andina, British Gas, Chaco, Matpetrol, Pluspetrol, Total und Vintage schließlich doch ihrem Schicksal und akzeptierten die neuen Regeln. 44 Verträge wurden zwischen YPFB und den Konzernen unterzeichnet und Ende 2006 vom Kongress ratifiziert.

Seitdem kommen die Gewinne aus den Bodenschätzen wieder vermehrt bei den Bolivianern an. Mussten die Unternehmen früher nur 18 Prozent der Gas- und Ölrente an den Fiskus abtreten und konnten sie 80 Prozent Gewinn machen, so hatte sich das Verhältnis genau umgekehrt. Die ausgehandelten Verträge mit den Ölmultis, angehobene »faire Preise« für die großen Mengen an Gaslieferungen nach Argentinien und Brasilien – das Ballungszentrum São Paulo stillt seinen Energiehunger zu 75 Prozent aus Bolivien – sowie die hohen Energiepreise auf dem Weltmarkt sorgten ab Mai 2006 für eine Verdreifachung der Staatseinnahmen und garantierten die allmähliche Gesundung des öffentlichen Haushalts.

Bolivien war einen mutigen Weg der Selbstbestimmung gegangen. Während der letzten acht Jahre der Privatisierung von 1998 bis 2005 hatte der Staat insgesamt nur 2,1 Milliarden US-Dollar eingenommen. Von 2006 bis 2008 aber spülte YPFB innerhalb von nur drei Jahren 4,2 Milliarden US-Dollar in die Staatskasse. Der neue Reichtum soll der breiten Bevölkerung zugutekommen. Die Schwächsten der Gesellschaft erhalten erstmals staatliche Hilfe, für Bolivien ein sozialer Quantensprung. 1,9 Millionen Kinder bekamen 2010 das Schulgeld *Juancito Pinto* (28 US-Dollar), rund 750 000 Menschen über 60 Jahren wird die monatliche »Rente der Würde« (30 US-Dollar) ausgezahlt, Mütter haben Anspruch auf das Muttergeld *Juana Azurduy* (260 US-Dollar). Über ein Viertel aller Bolivianer erhält Zahlungen dieser Art. Auch wenn das nur ein erster Schritt ist, diese Unterstützung der Armen, der seit 500 Jahren Benachteiligten, ist als ein Zeichen der Zuversicht zu werten.

ERSTE ERFOLGE

Die unmittelbare Form der Armutsbekämpfung der Regierung Morales findet selbst beim Internationalen Währungsfonds Anerkennung. Die Sozialprogramme zeigen Wirkung. »Schaue ich mir das Bolivien von vor zehn Jahren an, dann muss ich gestehen, dass mir die Sozialpolitik dieser Regierung äußerst gut gefällt«, so IWF-Chefanalyst Gilbert Terrier Ende 2009. Mit einer »angemessenen« und »vorsichtigen« Wirtschaftspolitik habe die Morales-Administration auch der weltweiten Krise die Stirn geboten. Die zweitärmste Volkswirtschaft Südamerikas konnte im Krisenjahr 2009 ein Wachstum von vier Prozent verzeichnen, zu diesem Zeitpunkt Spitze in der Region.

Unter Morales hat der Staat eine wirtschaftliche Renaissance erlebt. »Die Akkumulierung von Ersparnissen und Geldreserven erlaubte dem Land die Durchführung antizyklischer Maßnahmen«, lobt der IWF den gesundeten Staatshaushalt Boliviens. Erstmals seit 1970 weist dieser kein Defizit auf. Mit eigenen Mitteln wurden Schulden abgebaut, 2006 von 4,4 auf 2,4 Milliarden US-Dollar, die Aufnahme neuer Kredite bei nur einem Geldgeber wird verhindert. Dafür kletterten die Devisenreserven in den letzten vier Jahren auf die Rekordhöhe von 8,6 Milliarden Dollar. Das Verhältnis von Exporten und Importen, das bis 2002 mehrere Jahre lang negativ gewesen war, hat sich von 2003 mit einem Überschuss von 75 Millionen bis 2007 auf 1,7 Milliarden US-Dollar geradezu traumhaft verbessert, Tendenz steigend.

Gerade in Zeiten der Krise konnte der Boliviano durch wachsende Entkoppelung vom US-Dollar vor Abwertung geschützt werden, so dass die Preise im Land relativ stabil blieben. Zur Stimulierung der Binneninvestitionen war es der Zentralbank gelungen, die Zinsen auf einem konstant niedrigen Wert zu halten und staatliche Infrastrukturprogramme wie den Bau von Straßen, Schulen und Krankenhäusern voranzutreiben. Stiegen die öffentlichen Ausgaben um neun Prozent an, wuchsen die Einnahmen des Fiskus von 2005 bis 2008 um stolze 18 Prozent. 2008 hatte Bolivien mit über sechs Prozent das stärkste Wirtschaftswachstum in ganz Lateinamerika, das sich 2010 bei vier Prozent einpendelte.

Nicht nur die Öl- und Gasindustrie, auch andere, in den Neunzigern privatisierte, allesamt heruntergewirtschaftete Unternehmen in den Sektoren Telekommunikation, Strom und Flughafenverwaltung sowie eine Eisenerzschmelze und eine Zementfabrik wurden durch staatliche Aktienankäufe nationalisiert. Doch trotz oder gerade wegen der schrittweisen Wiedererlangung Boliviens über die nationale Souveränität seiner Wirtschaft pocht der IWF weiter auf unerschütterlichen Marktglauben. Nach der überstandenen Weltwirtschaftskrise müsse sich der Staat »allmählich« von seiner »impulsgebenden Rolle« verabschieden. Wirtschafts- und Finanzminister Luis Arce sieht das anders: »Wir glauben nicht, dass der Staat nur bei Problemen oder Krisen eingreifen soll, um konjunkturelle Momente zu überwinden. Wir glauben, dass die Beteiligung des Staates permanent sein muss.« Bolivien verfolge seit 2006 ein »neues Wirtschaftsmodell«, lehnt Arce die Ratschläge des IWF dankend ab.

Wegen »ideologischer Differenzen« wies die Regierung alle IWF-Finanzierungsprogramme, die immer an Konditionen aus Washington gebunden waren, zurück. Die Zahlen sprechen für sich. Das durchschnittliche Bruttoinlandsprodukt je Einwohner stieg innerhalb der letzten drei Jahre von 1010 auf 1700 US-Dollar, der Konsum der Privathaushalte wächst stetig.

Der Armut wurde der Kampf angesagt. So konnte in den vergangenen Jahren die extreme Armut von 41 auf 32 Prozent verringert werden. Mit 65 Jahren ist die Lebenserwartung auf einem historischen Höchststand angekommen, 1980 lag sie noch bei 52 Jahren.

Die Weltbank gerät zunehmend in Argumentationsnot. Zwar kamen die Ökonomen nicht darum herum, Bolivien Ende 2010 wegen seiner guten Wirtschaftslage zum »Land mittleren Einkommens« hochzustufen, womit die Regierung auf zinsengünstigere Kredite mit längeren Laufzeiten zugreifen könnte. Im jährlichen *Doing Business Ranking* wird Bolivien jedoch für die starke Rolle des Staates und sein »neues Modell« abgestraft, das »Investitionsklima« sei eines der schlechtesten weltweit.

Welches Wirtschaftsmodell beabsichtigt Bolivien weiterzuverfolgen? MAS-Vordenker Álvaro García Linera entwirft angesichts des Nebeneinanders von Tradition und Moderne, Stadt und Land, indigen und »westlich« das Konzept vom »amazonischen Andenkapitalismus«. Im Interview mit *Le Monde diplomatique* beschreibt er den von der MAS propagierten »Prozess des Wandels« wie folgt: »Auch in den kommenden 50 Jahren wird in Bolivien die familiär geprägte Wirtschaftsstruktur dominieren, welche die soziale Basis der jüngsten Rebellionen war. Die Herausforderung ist: Was machen wir mit ihr? Der revolutionäre Nationalismus der fünfziger Jahre glaubte, dass diese Gemeinschaften verschwinden oder sich verwandeln würden: industriell, modern, kapitalistisch und lohnabhängig. Das trat aber nicht ein. Gegenwärtig repräsentiert die moderne Welt nur zwischen sieben und 15 Prozent der Ökonomie und der wirtschaftlich aktiven Bevölkerung.« Damit Bolivien einen eigenen Entwicklungsweg frei von Ausbeutung gehen könne, sei die »Konstruktion eines starken Staates, der die Expansion der Industrie reguliert«, notwendig. Als »Umverteiler« des Reichtums der Bodenschätze müsse der Staat die Überschüsse »abschöpfen« und unter anderem den indigenen Gemeinden auf dem Land zukommen lassen, um damit deren »Prozesse der Selbstorganisation und den Wachstum des eigenständigen andinamazonischen Marktes zu stärken«.

Boliviens altes Dilemma aber, die Exportabhängigkeit, bleibt weiter virulent. Auch wenn die Einnahmen aus dem Außenhandel seit 2005 stetig wachsen, das strukturelle Erbe aus spanischer Kolonialzeit wiegt schwer. Neben Öl und Gas steht der Bergbau an der Spitze. Mit 67 Prozent Zuwachs bleibt die Rohstoffförderung Zugpferd Nummer eins. Allein der Verkauf von Zink machte 2010 einen Sprung um 110 Prozent, gefolgt von Silber mit einem Plus von 33 Prozent. Gold aus den schlammigen Ufern der Amazonasflüsse werde bald so viele Einnahmen generieren wie die gesamte Energiewirtschaft, hieß es Ende 2010 aus Regierungskreisen.

Die Linksregierung in La Paz weiß um die Abhängigkeit. »Ich habe meine Minister gefragt, wenn es ein Erdbeben oder andere Naturkatastrophen gibt und die Förder- und Transportanlagen in Tarija und Santa Cruz zerstört werden, geht unsere Wirtschaft dann nicht zugrunde?«, reflektierte Präsident Evo Morales über die Anfälligkeit der Wirtschaft. »Bolivien muss seine Produktion diversifizieren, um nicht ausschließlich vom Gas- und Mineralienexport abzuhängen«, so der Staatschef anlässlich der Ankündigung eines Milliarden-Investitionsplans im Frühjahr 2010. Bis 2015 sollen 32 Milliarden US-Dollar in die Entwicklung neuer Industrien angelegt werden.

Der *Plan Patria*, der das jährliche Inlandsprodukt von 16,5 Milliarden US-Dollar verdoppeln soll, sieht die Industrialisierung der Bodenschätze vor Ort vor, rund 50 000 Jobs sollen geschaffen und der Zugang zu Wasser, Strom und Telekommunikation im ganzen Land ermöglicht werden. Das Geld soll einerseits aus eigenen Reserven, andererseits durch Kredite etwa der Interamerikanischen Entwicklungsbank aus Venezuela, Russland oder Südkorea aufgebracht werden. Mit rund 25 Milliarden US-Dollar will man den Löwenanteil in den Aufbau einer verarbeitenden Industrie investieren.

Um dieses ehrgeizige Ziel bezahlen zu können, liefert YPFB heute mehr Erdgas denn je in die Nachbarländer. Mit der argentinischen Präsidentin Christina Kirchner wurde eine Erhöhung der Gaslieferungen von 7,7 Millionen auf 13 Millionen Kubikmeter täglich bis 2013 abgemacht. Dann soll eine neue Pipeline vom Gasfeld Margarita gen Río de la Plata fertig sein. An Brasilien liefert Bolivien bereits 30 Millionen Kubikmeter pro Tag.

NEUGRÜNDUNG MIT HINDERNISSEN

Naturgemäß hat die Verschiebung der Machtverhältnisse den Widerstand der alten Eliten hervorgerufen. Dessen schärfste Speerspitze war die Tiefland-Oligarchie von Santa Cruz. Die Profiteure der vorangegangenen Privatisierungswelle hatten sich nach dem Verlust der politischen Macht in die Nischen der Präfekturverwaltung zurückgezogen und versuchten mit allen

Mitteln, gegen die neue Regierung vorzugehen. Ihr Projekt der *Autonomia*, der departamentalen Selbstverwaltung, betrieben die *Cambas*, so die landläufige Bezeichnung der Tieflandbewohner in Abgrenzung zu den *Collas* vom Altiplano, bis zum offenen Putsch gegen die Zentralregierung in La Paz. Die »Selbstbestimmung gegen das Joch der zentralistischen Diktatur«, so die Propaganda der zu Zeiten der Banzer-Diktatur erstarkten Großgrundbesitzer, müsse durch die Gründung einer eigenständigen *Camba*-Nation beendet werden.

Hinter diesem Schachzug stand die Furcht vor der seit August 2006 tagenden verfassungsgebenden Versammlung, einem weiteren eingelösten Wahlversprechen der MAS. Erstmals in der Geschichte Lateinamerikas waren im Juli 2006 die Mitglieder eines Verfassungskonvents direkt vom Volk gewählt worden. Nichts weniger als die legislative »Neugründung Boliviens« hatte sich die *Asamblea* auf die Fahnen geschrieben, in der die Regierungspartei und ihre Alliierten eine satte Mehrheit hatten.

Mit der ausgerufenen »demokratisch-kulturellen Revolution« wolle die MAS nicht nur dem Neoliberalismus begegnen und ein neues Wirtschaftsmodell einführen, erklärt der bolivianische Soziologe José Teijeiro. Vielmehr sei man entschlossen, endgültig mit der kolonialen Vergangenheit zu brechen. Bei Gründung der Republik Bolivien im Jahr 1825 habe »eine reduzierte Oligarchie die Vertreter der spanischen Krone ersetzt, aber die diskriminierende, ausgrenzende und unterdrückende Natur der Macht wurde nicht überwunden«. Das Verhältnis Kolonialist/Sklave hat immer noch Bestand. Auf den Haciendas der europäischstämmigen Latifundisten werden von den Vereinten Nationen regelmäßig die »sklavenähnlichen Arbeitsverhältnisse« angeprangert, denen die Guaranís im Tiefland ausgesetzt sind.

Unter dieses unwürdige Kapitel sollte die neue Verfassung, die im Januar 2009 nach langem Ringen und per Volksabstimmung in Kraft trat, einen Schlussstrich ziehen. Das garantierte der Regierung zwar die breite Unterstützung der indigenen Bevölkerungsmehrheit, sorgte aber für heftige Abwehrreaktionen seitens der »reduzierten Oligarchie«. Evo Morales hatte auf seinen Antrittsbesuchen Anfang 2006 auch in Südafrika Station gemacht. Von Nelson Mandela wollte Morales mehr über die Versöhnung nach der Apartheid erfahren. In seinen Reden spricht er darum immer wieder von »Entkolonialisierung«.

Allen 36 Ethnien soll eine verfassungsrechtliche Gleichstellung garantiert werden in dem Land, das statt »Republik« heute offiziell als »Plurinationaler Staat Bolivien« firmiert. Dazu wurde eine indigene Selbstverwaltung etabliert, traditionelle Medizin und Gerichtsbarkeit werden genauso geschützt wie Kultur und Sprache. Über eine Indigenenquote in den Parlamenten wird Ausgleich geschaffen. Zudem erhalten die Indigenen ein weitreichendes Mitspracherecht in Ressourcenfragen; vor Ölbohrungen und Großprojekten auf ihren Ländereien sind Konsultationen zwingend. Gerade diese emanzipatorischen Bestrebungen brachten die Opposition auf die Barrikaden. Die neue Magna Charta, welche die epochalen Veränderungen in einem neuen Sozialvertrag festschreiben sollte, wollten sie verhindern. Um jeden Preis.

OFFENER HASS

In den Morgenstunden des 16. April 2009 wurden die Anwohner rund um das sonst ruhige Hotel *Las Américas* im Stadtzentrum von Santa Cruz von Schüssen und Detonationen aus dem Schlaf gerissen. Eine Spezialeinheit der Polizei hatte das unauffällige Domizil gestürmt, drei Männer sofort getötet, zwei von ihnen verhaftet. Bei den Toten handelte es sich um Árpád Magyarosi, rumänisch-ungarischer Herkunft, Michael Dwyer aus Irland und den mutmaßlichen Kopf der Gruppe, Eduardo Rózsa Flores, einen zwielichtigen Verschwörer kroatisch-bolivianischer Staatsbürgerschaft. Die zwei Männer, die bei der Polizeiaktion mit dem Decknamen »Arsen« davonkamen, waren Mario Francisco Tadic Astorga, Bolivianer mit kroatischem Pass, und der Rumäne Elod Tóázó. Unter höchster Sicherheitsstufe wurden die Überlebenden der Terrorgruppe ins Gefängnis nach La Paz abtransportiert und dort verhört.

In den Hotelzimmern der Männer beschlagnahmten die Spezialkräfte Maschinengewehre, Granaten, ausführliche Pläne und Organigramme, aus denen hervorging, dass Präsident Evo Morales, Vizepräsident Álvaro García Linera, mehrere Minister und Kardinal Julio Terrazas Opfer eines Attentats werden sollten. Wochen zuvor hatte es in Santa Cruz immer wieder Sprengstoffanschläge auf Regierungsmitglieder der MAS gegeben, ohne jedoch menschlichen Schaden anzurichten. Und bereits einen Tag vor dem Polizeizugriff war vor dem Haus des Kardinals eine Bombe explodiert.

Die Ermittlungen der Staatsanwaltschaft zeichneten schnell ein klares Bild. Die reiche Tiefland-Elite war seit dem Sieg von Morales fest entschlossen, den »schmutzigen Indio« aus dem Weg zu räumen, notfalls mit Gewalt. Neben der Torpedierung des Verfassungsprozesses war es ihr erklärtes Ziel, die *Departamentos* Santa Cruz, Tarija, Beni, Pando und Chuquisaca vom bolivianischen Hochland abzuspalten. In Zeitungskolumnen, Radiosendungen und TV-Diskussionen, überall wurde der Hass zwischen *Cambas* und *Collas*, Autonomie-Befürwortern und Regierungsanhängern gesät.

In Sucre, dem Tagungsort der verfassungsgebenden Versammlung, fanden am helllichten Tag brutale Hetzjagden auf indigene MAS-Abgeordnete statt, jugendliche Schlägertrupps wie die angereiste Jugendunion von Santa Cruz (UJC) schlugen die Politiker nieder und beschimpften sie als »stinkende Lamas«. Bezahlt wurden diese jungen Männer, die meist selbst Indigene waren, vom Bürgerkomitee Santa Cruz und dessen Präsidenten Branko Marinkovich, einem fanatischen Morales-Hasser. Sein millionenschweres Vermögen hatte der studierte Ingenieur und Wirtschaftswissenschaftler unter anderem mit seiner Speiseölfirma und Rinderzucht gemacht. Seine Eltern waren nach dem Zweiten Weltkrieg auf der zu trauriger Berühmtheit gelangten »Rattenlinie« der katholischen Kirche vom faschistischen Kroatien über Franco-Spanien ins sichere Bolivien geflohen.

Nachdem im August 2008 ein von der Oppositionspartei PODEMOS initiiertes Abwahlreferendum gegen Morales und seinen Vizepräsidenten kolossal gescheitert war, 67 Prozent hatten die Linkspolitiker in ihren Ämtern bestätigt und ihre ungebrochene Loyalität erklärt, war die Rechte verzweifelt. Die Situation eskalierte im September 2008, als die regierungsfeindlichen Tiefland-Präfekturen nacheinander ohne Genehmigung der Zentralregierung und des Obersten Wahlgerichts illegale Autonomiereferenden abhielten und ihre »Unabhängigkeit« erklärten. UJC-Stoßtrupps und Angestellte der Präfektur besetzten Flughäfen, Straßen, Regierungsbüros, Verwaltungsgebäude, das Finanzamt und das Staatsfernsehen und legten Brände. In Tarija verübten Mitarbeiter der Präfektur einen Anschlag auf eine Gaspipeline nach Argentinien und richteten einen Millionenschaden an. Das staatliche Institut für die Agrarreform (INRA) brannte komplett aus, und mit ihm fielen Berge von Beweisdokumenten für die illegale Aneignung Hunderttausender Hektar Grund und Bodens durch die Tiefland-Elite den Flammen zum Opfer. Man werde einen »echten Sozialismus« errichten, rechtfertigte der Präfekt von Santa Cruz, Rubén Costas, den versuchten Staatsstreich gegen den »Tyrann und Diktator Morales«.

Den Höhepunkt erreichte der »präfektural-bürgerliche Putsch« am 11. September 2008. Als ein Demonstrationszug mit Morales-Anhängern einige Kilometer vor Cobija, Hauptstadt des *Departamentos* Pando, von schwer bewaffneten Bürgermilizen angegriffen wurde, starben 19 wehrlose Kleinbauern im Kugelhagel des »Massakers von Porvenir«. Erst ein Aufruf der Staats- und Regierungschefs der Union Südamerikanischer Nationen (UNASUR) auf einem eilig einberufenem Krisengipfel in

Santiago de Chile veranlasste die Opposition zum Einlenken. Ohne Unterstützung von außen und innen ging dem Putschversuch der Atem aus.

EIN KILLER FÜR MORALES

Bolivien wäre fast in einen Bürgerkrieg geraten. Doch trotz aller Gewalt- und Störaktionen konnte die Ausarbeitung der neuen Magna Charta nicht verhindert werden, und die Autonomiestatuten der illegalen Referenden bestanden nur mehr auf dem Papier.

Mit der Enttarnung der Terrorgruppe war die Opposition am Ende ihrer kurzen, aber heftigen politischen Konjunktur angekommen. Aufschlussreich sind die Verbindungen zwischen bolivianischer Opposition und dem internationalen Netzwerk der Anti-MAS-Kräfte. Die Staatsanwaltschaft konnte eine direkte Verbindung zwischen der Terrorzelle und der Autonomiebewegung nachweisen. Seitdem zittern neben Marinkovich, der ins Ausland geflohen ist, Dutzende Mitglieder der High Society von Santa Cruz. Rubén Costas und andere Vertreter aus Politik und Wirtschaft müssen sich vor der Justiz verantworten. Ihnen droht ein Verfahren wegen »Vaterlandsverrat und Sezession«, auch sollen sie Steuergelder für die Abhaltung der illegalen Referenden veruntreut haben, mehrjährige Haftstrafen sind denkbar. Ein Präsidialdekret erlaubt zudem die Beschlagnahmung von Besitz all derer, die des »Terrorismus, der Abspaltung und des bewaffneten Aufstandes« schuldig gesprochen werden.

Besorgniserregend für die Oppositionellen ist vor allem der geständige Kronzeuge Ignacio Villa Vargas, Ex-Chef der rechtsextremen UJC. Dieser beschuldigt die politische und wirtschaftliche Elite, Auftraggeber der Terrorgruppe gewesen zu sein. Präfekt Costas habe den Männern telefonisch je ein Haus zugesagt, wenn sie Morales töten würden. Marinkovich habe in persönlichen Treffen mit den Killern eine Viertelmillion US-Dollar für die Bewaffnung von Milizen zur »Verteidigung von Santa Cruz« zugesichert.

Weitere Untersuchungen haben ergeben, dass auch die Industrie- und Handelskammer Santa Cruz (CAINCO) als Geldgeber in Betracht kommt. Der ebenfalls ins Ausland geflohene CAINCO-Anwalt Alejandro Melgar Pereira stand in direktem Kontakt mit Flores. Er stellte die Verbindung zu einem Mann her, der dem Terroristen ein Auto verkaufte. Zudem bezahlte ein Berater der Telekommunikationsfirma Cotas, Luis Alberto Hurtado Vaca, die Hotelrechnungen des Killerkommandos. In Cotas-Büros hielt sich Flores vor seinem Tod regelmäßig auf, wie Fotos beweisen. Auch entdeckte die Polizei dort ein Waffenarsenal aus Sprengstoff und Handgranaten. CAINCO ist das Sammelbecken der Handvoll mächtiger Clans in Santa Cruz, die auch Cotas kontrollieren.

Tageszeitungen, TV-Sender, Banken, Strom- und Wasserkooperativen, Supermärkte, die Fluglinie AeroSur und das Soja- und Viehbusiness haben rund hundert Familien unter sich aufgeteilt. In der Umverteilungspolitik der MAS-Regierung und der »Agrarrevolution«, die eine Zerschlagung des Großgrundbesitzes anstrebt, sieht der Geldadel von Santa Cruz eine Gefahr für seine Besitzstände und Privilegien.

Um ihre Alleinherrschaftsansprüche zu verteidigen, schreckten sie vor nichts zurück. Der bei den Ereignissen im September getötete Eduardo Rózsa Flores war wenige Tage zuvor in Bolivien eingetroffen. Der 49-Jährige besaß das Profil eines Psychopathen. Nach seiner Geburt als Sohn eines ungarischen Kommunisten und Malers in Santa Cruz ging seine Familie 1972 nach Chile, aus dem sie vor Militärdiktator Pinochet nach Budapest floh. Flores studierte später in der Sowjetunion, wo er sich »enttäuscht vom real existierenden Sozialismus« zum erbitterten Kommunistenfeind wandelte.

In den achtziger Jahren arbeitete er für den berüchtigten Terroristen Illich Ramírez Sánchez alias Carlos der Schakal als

Übersetzer. Erst bei der katholischen Fundamentalisten-Organisation Opus Dei aktiv, trat er später zum Islam über.

Anfang der neunziger Jahre ging Flores als Journalist für die BBC nach Kroatien, wo er sich der separatistisch-nationalistischen Bewegung von Präsident Franjo Tudjman anschloss. Auf dem Balkan wurde er zum Kommandanten einer Brigade ernannt, die im Kampf für die Unabhängigkeit Kroatiens von US-Beratern ausgebildet wurde. Hier müssen die Kontakte zur Marinkovich-Sippe geknüpft worden sein.

Sich mit Flores anzulegen war lebensgefährlich. Ein britischer Journalist beschuldigte den »Freiheitskämpfer« der Ermordung zweier Kollegen, die kritisch über die professionellen »Freiwilligenbrigaden« berichtet hatten und danach unter fragwürdigen Umständen erschossen worden waren. Für seine Dienste erhielt der Brigadenführer von Tudjman die kroatische Staatsbürgerschaft. Mitte der neunziger Jahre kehrte er nach Ungarn zurück und trat als Filmemacher und Schriftsteller in Erscheinung. In einem letzten Interview mit einem Freund vom ungarischen Fernsehen äußerte er, er werde in seiner Heimat Bolivien »gegen die kommunistische Regierung« und für die Unabhängigkeit von Santa Cruz kämpfen. Seine Mission sei es, die »nationalsozialistischen Indianer zu stoppen«.

Wie in Diktaturzeiten fand Boliviens Rechte Schützenhilfe in Europa und Lateinamerika. Zwei Komplizen von Bandenboss Flores, der getötete Árpád Magyarosi und der inhaftierte Tóázó, waren prominente Mitglieder der rechtsextremen *Logia Secuiesti* (LS) in Ungarn. Die paramilitärische Organisation wurde 2002 vom ungarisch-rumänischen Neofaschisten Tibor Révész gegründet und will die Region Székely, wo eine ungarische Minderheit lebt, gewaltsam von Rumänien abspalten. LS-Chef Révész betreibt eine Sicherheitsfirma, die im Irak Aufträge für die US-Regierung und Ölfirmen ausführt.

Flores' Interesse wird vor allem der von der Sicherheitsfirma angebotenen paramilitärischen Ausbildung für »Sicherheitspersonal und Geschäftsleute« gegolten haben. Trainingsmethode ist das nach außen hin unverdächtige, als Freizeitsport getarnte Militärspiel Softair, bei dem Nahkampf und Taktik mit Farbmunitionswaffen trainiert werden. Nachträglich drangen Bilder an die bolivianische Öffentlichkeit, auf denen Softair-Spieler in Kampfkleidung vor der weiß-grünen Santa-Cruz-Flagge posierten. Auch wurde bekannt, dass Flores auf dem Gelände des internationalen Flughafens Viru Viru von Santa Cruz UJC-Mitglieder im Nahkampf trainierte.

Die Regierungsgegner fanden in Lateinamerikas reaktionärsten Kreisen Hilfe für ihren Feldzug gegen die Demokratie. Um die »Mischung aus Lama und Teufel« Morales zu stürzen, reaktivierten sie alte Seilschaften. Ende 2008 traf sich Flores mit Jorge Mones Ruíz, Mitglied des rechtsextremen Soldatenbundes Caras Pintadas aus Argentinien. Soldaten der Caras Pintadas hatten sich auch im Kroatienkrieg verdingt, man kannte sich. Ruíz war auch schon in den achtziger Jahren im Rahmen der Operation Condor für Bolivien zuständig gewesen.

Zusammen mit der Witwe des argentinischen Leutnants Horacio Fernández Cutiellos – 1989 war der Märtyrer von Argentiniens extremer Rechten bei einem Putschversuch mit über 50 Toten ums Leben gekommen – reiste Ruíz nun von Santa Cruz weiter nach La Paz, um dort den wegen des Umsturzversuchs vom 11. September inhaftierten Ex-Präfekten von Pando, Leopoldo Fernández, zu besuchen. Beide gaben sich dabei als Journalisten einer argentinischen Zeitung aus.

Die Morales-Gegner waren auf Partnersuche. Ruíz ist hochrangiges Mitglied des in Kolumbien arbeitenden Rechtsbündnisses UnoAmérica, einer 2008 gegründeten Vereinigung rechter Nichtregierungs-Organisationen aus Bolivien, Venezuela, Nicaragua, Paraguay, Argentinien und Brasilien, die massiv gegen die UNASUR-Linksregierungen agitieren. Entgegen der offiziellen Version sei das »Massaker von Porvenir« von der Regierung selbst verübt worden, argumentierten Anhänger von UnoAmérica zynisch. Dass eine Untersuchungskommission der Organisation Amerikanischer Staaten (OAS) die Täterschaft allein bei den Präfekturmilizen sah, störte die Propagandisten wenig.

Von UnoAmérica verläuft der Weg zu den Unterstützerkreisen der bolivianische Autonomiebewegung direkt in die USA. Gesponsert und gecoacht wird das kontinentale Rechtsbündnis von der neoliberalen US-Denkfabrik Heritage Foundation, der Entwicklungsbehörde USAID und der vom US-Kongress abhängigen Nationalen Stiftung für Demokratieförderung. Dass auch Boliviens Opposition mit Geldern aus den USA rechnen konnte, belegen freigegebene Akten der US-Regierung. Über USAID pumpte die Bush-Administration seit 2004 rund 100 Millionen US-Dollar ins Tiefland. Allein 2009 wurden 30 Millionen US-Dollar für die »Förderung von Demokratie, Dezentralisierung, Autonomie, politischen Parteien der Opposition und Zivilgesellschaft« im Tiefland ausgegeben, so die venezolanische Rechtsanwältin und Autorin Eva Golinger.

Wie so oft kann auch hier wieder mit Beistand aus Deutschland gerechnet werden, wenn es um die Verteidigung von »Freiheit und Demokratie« geht. Die der FDP nahestehende Friedrich-Naumann-Stiftung ist Gründerin des liberalen politischen Netzwerkes Lateinamerikas (RELIAL), dem die Stiftung Freiheit und Demokratie (FULIDE) aus Santa Cruz angehört, an dessen Spitze Branko Marinkovich stand. Damit nicht genug. Einziger offizieller Kooperationspartner der CDU-nahen Konrad-Adenauer-Stiftung ist in Bolivien die Stiftung zur Unterstützung des Parlaments und der bürgerlichen Beteiligung (FUNDAPACC), dessen Vorstandsmitglieder der ehemalige Präfekt Leopoldo Fernández sowie Ex-Senatspräsident José Villavicencio waren. Ein Video der UNASUR zum Massaker in Pando zeigt Letzteren in eindeutiger Pose schreiend: »Wenn Evo Blut will, dann soll er Blut bekommen!«

LITHIUM-RENNEN MIT OFFENEM ENDE

Bar jeden Respekts überreichte Dirk Niebel, Deutschlands Minister für wirtschaftliche Zusammenarbeit und Entwicklung von der FDP, bei seiner Lateinamerika-Rundreise im November 2010 Evo Morales ein Stück der Berliner Mauer. Den Präsidenten, der im Dezember 2009 mit 64 Prozent wiedergewählt wurde, gedachte der Minister, der auf seinen Auslandsbesuchen gern mit Offiziersmütze auftritt, an das »Ende von 40 Jahren sozialistischer Diktatur« zu erinnern. Danach setzte er sich mit führenden Politikern der Opposition zusammen, ein klares Zeichen an Morales, traf sich Niebel doch im »freiheitlich« regierten Kolumbien und Peru mit keinem Regierungsgegner.

Doch ist Bolivien, das als eine »populistische Demokratie« betrachtet wird, von strategischer Bedeutung. Die Anhebung der Berliner Entwicklungshilfe für La Paz auf 86 Millionen US-Dollar für »Projekte der Zusammenarbeit und Entwicklung« ist Beleg für das wachsende Interesse am Andenland. In ihrem 64-seitigen Lateinamerika-Konzept von 2010 sieht die Bundesregierung die »Erschließung neuer Märkte« ganz vorn, die »sichere und kostenadäquate Energie- und Rohstoffversorgung Deutschlands ist wichtiger Gegenstand der Zusammenarbeit«.

Die Bolivien seit der Nationalisierung der Rohstoffindustrie entgegenschlagende Feindseligkeit hat dazu geführt, dass sich die Regierung Morales auf der Suche nach Investoren und Partnern derzeit für die Förderung von Lithium sowie die Herstellung von Akkus umschaut. Im Wettrennen um die Ressourcen der Welt reiste der Präsident im Oktober 2010 in den Iran, der prompt den Bau einer Batteriefabrik zusagte. »Sie haben das Know-how im Bergbau und der Metallurgie, für die Lithium-Anlage und die Batteriefabrikation, dafür gründen wir eine gemeinsame Firma«, so der Generalsekretär für natürliche Ressourcen, Luís Alberto Echazú, der erst wenige Wochen zuvor mit Morales nach Südkorea gereist war und auch von dort eine vielgefeierte Absichtserklärung für eine Zusammenarbeit mit nach Hause brachte.

Das Lithium, stellte Morales klar, gebe es nur im Tausch für »Innovation und die Zusage, dass der bolivianische Staat alleiniger Eigentümer des Lithiums bleibt«. Die Fehler Argentiniens wird La Paz nicht machen. Sein Lithium im Salar de Cauchari verkaufte der Nachbarstaat an das Bergbaukonsortium Lithium America. Dessen Mehrheitseigner sind der österreichisch-kanadische Autozulieferer Magna, der vom deutschen Konzern Volkswagen die kriselnden Opelwerke übernommen hat, sowie das japanische Unternehmen Mitsubishi. Die Argentinier haben wenig vom Abbau der weltweit wohl drittgrößten Lithiumvorkommen, Lithium America zahlt wie alle anderen Multis nur drei Prozent Abgaben. Eigentümer der nicht erneuerbaren Bodenschätze sind in Argentinien seit der neoliberalen Reform des Bergbaugesetzes von 1994 die *Departamentos*, sie waren es auch, welche die unvorteilhaften Deals aushandelten. 100 Prozent der Lithium-Produktion sind privat und ausländisch.

Beim Nachbarn Bolivien ist das Rennen um das weiße Gold weiter in vollem Gange. Kritiker halten Morales vor, Bolivien »verpasst das Geschäft, das die Chilenen und Argentinier machen«, dieselbe Rhetorik wie in den neunziger Jahre vor dem Ausverkauf von Gas und Öl. Die Linksregierung lässt sich davon nicht aus der Ruhe bringen. »Die ausländischen Firmen wollen nur selber, ohne die Bolivianer, abbauen. Weil wir Lithium auch alleine gewinnen können, werden wir das mit unseren Technikern und Wissenschaftlern darum jetzt auch tun«, überraschte Vizepräsident Linera die Öffentlichkeit Anfang November 2010 mit der Ankündigung, dass »wir die Lithium-Förderung alleine machen«. Der »Plan für die eigenständige und strategische Industrialisierung des Lithiums«, den Morales zeitgleich vorstellte, sieht eine staatliche Anschubinvestition von 902 Millionen US-Dollar vor.

Im März 2011 werden die Pumpen der Pilotanlage am Salar de Uyuni erstmals anspringen. Abnehmer stünden mit China,

Japan und Südkorea schon bereit, gerechnet wird mit einem anfänglichen Jahresgewinn von 373 Millionen US-Dollar. Nach dem Paukenschlag Lineras erklärte Frankreichs Botschafter Antoine Grassin, Paris wäre »enttäuscht«; französische Firmen wie Bolloré und Eramet hatten sich Chancen ausgerechnet. »Die Unternehmen haben gesagt, dass sie herkommen, um Untersuchungen anzustellen, erst in zehn Jahren könne dann industrialisiert werden. Doch haben unsere Ingenieure ein eigenes Verfahren entdeckt, das uns die Firmen nicht geben wollten«, begründet Linera die geplatzte Zusammenarbeit mit den Ländern, die Bolivien in seiner Fähigkeit »unterschätzt« haben, die Lake im Salzsee ohne fremde Hilfe zu Lithium zu verarbeiten.

Auch mit dem Zeitplan sei alles in Ordnung. Man gehe davon aus, dass »die Nachfrage der Autohersteller nach industrialisiertem Lithium 2014 und 2015 in die Höhe schnellen wird«, kalkuliert Echazú. Wenn die Herstellung von Elektroautos in Asien, Europa und den USA in Serie ausgereift sei, dann könne Bolivien »seine Lithium-Produktionsstätten immer noch erweitern«. Gelingt dem Elektroauto wie prognostiziert der Durchbruch, hätte Bolivien alle Zeit der Welt.

Sollten sich die Bolivianer am Ende für die Iraner entscheiden, wäre die Ablehnung aus der Riege der Industrieländer ihnen sicher. Es geht um knallharte Interessen. »Rohstoffe sind ein geopolitisches Thema geworden«, verkündete Hans-Peter Keitel, Chef des Bundes Deutscher Industrieller (BDI), auf einem Krisengipfel der deutschen Wirtschaft die »Rohstofflücke«. Engpässe bestünden auch in der Versorgung mit Kupfer, Eisenerzen, Wolfram oder Germanium, so der Manager im überfüllten Saal des Hauses der Deutschen Wirtschaft in Berlin, just zu dem Zeitpunkt, als Minister Niebel seine Lateinamerika-Reise veranstaltete. Eine Lösung hatte der BDI-Boss auch parat, er forderte ein strammes Zusammenrücken im Interesse des »Standorts Deutschland« durch »eine verstärkte Koordination, innerhalb der Politik, innerhalb der Wirtschaft und zwischen Politik und Wirtschaft«. Klare Worte aus der deutschen Wirtschaft, die sich seit dem Zweiten Weltkrieg selten aus der Deckung traut. Eine neue Realpolitik macht sich breit, vor allem aus China fürchtet der »Exportweltmeister« Konkurrenz und weiß Europa hinter sich.

Schon 2008 hatte der damalige EU-Kommisar Günter Verheugen, zuständig für Unternehmen und Industrie, gesagt: »Wir müssen handeln, damit die Versorgung unserer Industrie mit Rohstoffen nicht ins Stocken gerät. Wir brauchen faire Bedingungen auf außereuropäischen Märkten, Rahmenbedingungen, die die langfristige Nutzung europäischer Rohstoffquellen ermöglichen«. Für Heinz Zourek, Generaldirektor der EU-Kommission für Rohstoffsicherung, sind Länder wie Bolivien ein Problem: »Viele rohstoffreiche Länder behindern mit protektionistischen Maßnahmen Rohstoffexporte nach Europa, um ihre eigene Industrie zu begünstigen. Darunter leiden in Europa etliche Industrieunternehmen.« Auch Zourek plädiert offen für mehr freie Märkte und mehr direkte Einflussnahme: »Die Herausforderungen für die Versorgung mit nichtenergetischen Rohstoffen betreffen Wirtschafts- und Umweltpolitik ebenso wie Außen-, Handels- und Entwicklungspolitik. Dazu gehören eine bessere Koordination in der Entwicklungszusammenarbeit wie auch andere Initiativen zur Stabilisierung rohstoffreicher Entwicklungsländer.«

Ende 2010 reagierte die EU-Kommission und gab eine Liste mit Stoffen heraus, die für den »europäischen Wirtschaftsraum besonders wichtig, aber schwer zu beschaffen sind«, darunter Lithium. Bundeswirtschaftsminister Rainer Brüderle forderte zuletzt die Gründung einer deutschen Rohstoff AG. Wie groß die Versorgungsangst in Berlin ist, belegt die ebenfalls 2010 entwickelte Rohstoffstrategie der schwarz-gelben Koalition, die auf drei Säulen steht: Abbau von Handelsbarrieren, bilaterale Abkommen mit rohstoffreichen Ländern und besseres Recycling.

Unter den Industrieländern aber ist Deutschland nur ein Akteur unter vielen, und so wächst der Druck auf die Rohstofflieferanten im Süden. In den Startlöchern sitzt der Gigant Brasilien, der Mitte 2010 32 Milliarden US-Dollar Investitionen im Nachbarland angekündigt hat, darunter den Bau von Wasserkraftwerken, einer Chemiefabrik und Treibstoffraffinerien. Die Gefahr besteht in neuen Abhängigkeiten, Brasilien droht Bolivien zu schlucken.

Derweil werden Politik und Medien nicht müde, eine sprunghafte Zunahme von »Rohstoffkriegen« zu prognostizieren: je höher die Rohstoffabhängigkeit, desto wahrscheinlicher seien Bürgerkriege oder Grenzkonflikte. Welche Hebel Wirtschaft und Politik umlegen, wenn »die Unternehmen in Gefahr sind«, wie Keitel es nennt, ist in Bolivien spätestens seit dem Chacokrieg Allgemeinwissen. Auch die Verknüpfung von Entwicklungshilfe und Rohstoffexport stößt auf Kritik. Dies sei eine »verdeckte Form des Kolonialismus«, warnen Menschenrechtsaktivisten rund um den Globus.

Ob das Andenland den Begehrlichkeiten der übermächtigen Industrienationen und ihrer Unternehmen widerstehen kann, ob durch die Verarbeitung seiner Bodenschätze vor Ort Arbeitsplätze geschaffen und weniger Armut und Wohlstand erreicht werden, dies hängt nicht allein vom Verhandlungsgeschick von Evo Morales und seiner Regierung ab. Die Lehre aus der Privatisierung von Öl und Gas ist, dass ein hoher Preis gezahlt werden muss, um einmal verkaufte Bodenschätze wieder unter gesellschaftliche Kontrolle zu bekommen.

Bolivien könnte ein leuchtendes Beispiel dafür werden, wie sich ein Land gegen eine Politik der Ausbeutung zur Wehr setzt. Doch das Erbe struktureller Abhängigkeiten drückt, für einen Wandel braucht es vor allem eines: Zeit und Geduld. Wie schwer das Umlenken im politischen Tagesgeschäft ist, zeigt der jüngste Versuch der Regierung Morales, die milliardenschweren Subventionen für importierten Treibstoff zu drosseln. Präsident Morales hatte die Streichung damit begründet, er wolle die Wunde einer »blutenden Wirtschaft« schließen. Milliarden waren seit 1985 ausgegeben worden, um der am Boden liegenden Wirtschaft nicht auch noch die unbezahlbaren Weltmarktpreise für Benzin und Diesel zuzumuten. Allein 2010 sind die Ausgaben auf 380 Millionen US-Dollar explodiert, Tendenz steigend. Solche Subventionen helfen Armen und Reichen, Taxifahrern und Obsthändlern, Großgrundbesitzern und Eigentümern von Fluggesellschaften. Dieser Umverteilung ohne Differenzierung sollte ein Ende gesetzt werden. Steigende Weltmarktpreise für Erdöl und die wachsende Nachfrage im Inland bei gleichzeitigem Rückgang der eigenen Förderung hatten die Preisstützung zum Fass ohne Boden werden lassen, zumal durch Schmuggel ein Zehntel des Geldes im Schwarzmarkt versickert. Doch weil der Subventionsstopp vor allem den »kleinen Mann« traf – mit einem Schlag kosteten Benzin und Diesel zwischen 57 und 82 Prozent mehr –, ging der zu Recht wieder auf die Barrikade, allen voran in El Alto. Doppelte Kosten für den Bus zur Arbeit, mehr Geld für Brot und Fleisch sind den Ärmeren schwer zu erklären, zu abstrakt ist auch in Zeiten einer populären Linksregierung das längerfristige »Wohl der Nation«. Das Gesetz wurde angesichts der Proteste gegen den »Gasolinazo« nur fünf Tage alt und schnell kassiert.

Ein Wandel im Politikstil scheint allemal gegeben. Hatten frühere Regierungen die von IWF und Weltbank diktierten Entscheidungen gegen jeden Widerstand mit Truppen und Panzern durchgesetzt, konnte die »Regierung der sozialen Bewegungen« beweisen, dass sie wirklich »mit dem Gesicht zum Volk« regiert. Die Macht der Straße muss weiterleben. Die sozialen Bewegungen, die mit Evo Morales einen der ihren an die Spitze des Staates gebracht haben, dürfen sich den frischen Wind des Wandels nicht aus den Segeln nehmen lassen. Putschversuche wie im September 2010 in Ecuador gegen die Linksregierung von Rafael Correa, der gelungene Staatsstreich in Honduras im Juni 2009 gegen Präsident Manuel Zelaya, der dem Handelsbündnis Bolivarianische Allianz für Amerika (ALBA) unter der Führung des sozialistisch regierten Venezuelas beigetreten war, und schließlich die Eröffnung von sieben neuen US-Militärbasen in Kolumbien zeigen, dass der Kontinent auch 200

Jahre nach dem Sieg gegen die spanische Kolonialmacht weiter für seine Unabhängigkeit kämpfen muss. Auf den Straßen von Cochabamba bis El Alto haben die Bolivianer für eine gerechtere Ordnung gekämpft. Der Schlüssel zu einem neuen Bolivien - vielleicht liegt er unter der harten Kruste des Salar de Uyuni.

GLOSSAR

ACULLICO (QUECHUA/SPANISCH): Gewohnheit in den Anden, eine »Kugel« aus Kokablättern zu »kauen«, um Höhenkrankheit, Hunger oder Müdigkeit entgegenzuwirken

ADN: *Acción Democrática Nacionalista* (»Demokratisch-Nationale Aktion«); 1979 gegründete rechtskonservative Partei unter der Führung des deutschstämmigen Generals Hugo Banzer. Er war 1997, im Alter von 71 Jahren, Lateinamerikas erster Ex-Diktator, der auf demokratischem Weg das Präsidentenamt erlangte.

ALPAKA: Wolle des gleichnamigen Kamels in den Anden, das von den Inka vor der Eroberung durch die Spanier in großen Herden gezüchtet und damals vom europäischen Schaf fast bis zum Aussterben verdrängt wurde

AYLLU (QUECHUA): genossenschaftlich organisierte, traditionelle »Dorfgemeinschaft« oder »Familie« in den Anden mit Besitz an Grund und Boden, der von den Mitgliedern gemeinschaftlich bewirtschaftet wird

AYMARA: indigene Volksgruppe und Sprache im Andengebirge von Peru, Chile, Bolivien und Argentinien; in Bolivien leben rund 2,2 Millionen Sprecher

BARRIO: »Stadtteil«, in dem oft ein enger nachbarschaftlicher Zusammenhalt zwischen den Bewohnern besteht

CAFÉ IDEAL: Kaffeemarke aus dem Anbaugebiet der Yungas nördlich der Hauptstadt La Paz

CAMBA: umgangssprachliche Bezeichnung für die Bewohner des Tieflandes mit strittiger Bedeutungsherkunft, die von Teilen der europäischstämmigen Elite neuerdings als politischer Kampfbegriff zur Identitätsabgrenzung gegenüber den als »rückständig« verunglimpften *Collas* gebraucht wird

CARAJO!: spanisches Schimpfwort für »Verdammte Scheiße!«

CATO: Flächenmaß für 0,16 Hektar Land zum Anbau von Kokasträuchern, das Kokabauern ein Monatseinkommen von rund 100 US-Dollar sichert

CAUDILLO: militärischer, politischer oder ideologischer »Führer«, der sich im Südamerika des 19. und 20. Jahrhunderts mit Hilfe von Militär und Volk an die Spitze des Staates stellte

CHACO: Region mit Trockenwäldern und Savannen im Zentrum Südamerikas, die sich über das Dreiländereck von Bolivien, Paraguay und Argentinien erstreckt und in der bis heute reiche Öl- und Gasvorkommen vermutet werden

CH'ALLA: Ritual im Andenhochland zu Ehren von *Pachamama*, »Mutter Erde« (AYMARA), in dem zum Dank für Ernte und Erfolg Alkohol auf den Boden geschüttet oder Essenzen verbrannt werden

CHARCAS: Sitz des Gerichtshofs der spanischen Krone, Institution und Verwaltungsbezirk der Kolonialverwaltung, die sich von 1563 bis 1825 abwechselnd im Vizekönigreich Perú und Río de la Plata, dem heutigen Argentinien, befand; Provinz im *Departamento* Potosí

CHAPARE: Tiefland-Provinz im Norden des *Departamento* Cochabamba, das von tropischem Regenwald bedeckt und zweitgrößtes Kokaanbaugebiet der Welt ist

CHUÑO: meist schwarze Kartoffel, die sich durch Trocknen über Jahre lagern lässt und im Andenraum eine beliebte Haupt- und Nachspeise ist

CHOLO: abfälliger Begriff in Lateinamerika für eine Person gemischter ethnischer Herkunft *(mestizo)* mit indigenem Aussehen; zu Kolonialzeiten von den Kreolen spanischer Abstammung verwendete Bezeichnung der indigenen Bevölkerung

CHOMPA: langärmliger »Pullover« mit Rundhalsausschnitt, der sich bei der indigenen Bevölkerung im Andenhochland von Bolivien, Ecuador, Paraguay, Peru und Uruguay einer großen Beliebtheit erfreut und auf Auslandsreisen zum Markenzeichen von Boliviens Präsident Evo Morales geworden ist

CHUQUISACA: *Departamento* von Bolivien; zu Kolonialzeiten Charcas genannt

CHUY: andine Volksgruppe, die das Tal von Cochabamba vor Ankunft der Inka und Spanier besiedelte

COLLA (QUECHUA): umgangssprachliche Bezeichnung für die Bewohner des Andenhochlandes, zurückgehend auf ein Volk rund um den Titicacasee, das von den Inka erobert wurde und als *Collasuyu* (»Gebiet der Collas«) die südliche Verwaltungseinheit des Inkareichs bildete

COLORADOS: wegen seiner rot-weißen Uniform »Die Bunten« genanntes 1. Infanterie-Regiment der bolivianischen Streitkräfte, das 1821 während des Unabhängigkeitskrieges gegründet wurde und heute die Ehrengarde des Präsidentenpalastes stellt

COMIBOL: nach der Revolution von 1952 gegründete Bergbaugesellschaft *Corporación Minera de Bolivia* unter der Verwaltung von Staat und Gewerkschaftlern mit 70 000 Beschäftigten, die nach dem Zinncrash 1986 in fünf Gesellschaften aufgeteilt, Mitte der Neunziger teilprivatisiert und 2006 wieder unter staatliche Kontrolle gebracht wurde; in ihrem Unternehmen *Empresa Minera Huanuni* arbeiten heute rund 4500 Angestellte.

COMSUR: größtes privates Minenunternehmen Boliviens *Compañía Minera del Sur* (Zink, Blei) und Tochter der von Ex-Präsident Sánchez de Lozada gegründeten Bergbaufirma *Minera S.A.*, die 2005 an den weltweit größten Schweizer Rohstoffhändler Glencore verkauft wurde

CONQUISTA: gewaltsame »Eroberung« und Kolonisierung von Mittel- und Südamerika durch spanische und portugiesische Soldaten, Entdecker und Abenteurer im 16. und 17. Jahrhundert

COTA: andine Volksgruppe, die das Tal von Cochabamba vor Ankunft der Inka und Spanier besiedelte

CSCB: *Confederación Sindical de Colonizadores de Bolivia* (»Nationale Vereinigung der Siedler Boliviens«); Gewerkschaft von ins Tiefland gewanderten Indigenen aus den Anden, die sich mit der *Confederación de Pueblos Indígenas del Oriente Boliviano* (»Verband der indigenen Tieflandbevölkerung«, CIDOB) unter dem 1982 gegründeten Dachverband *Confederación Sindical Única de Trabajadores Campesinos de Bolivia* (»Bauern- und Landarbeitergewerkschaft«, CSUTCB) zusammenschlossen

CSUTCB: Die 1979 gegründete *Confederación Sindical Única de Trabajadores Campesinos de Bolivia* (»Gewerkschaftlicher Einheitsverband der Landarbeiter Boliviens«) versteht sich als Vertreterin der Quechua, Aymara und Guaraní und ist eine der engsten Verbündeten der Regierungspartei MAS und des Staatspräsidenten Evo Morales.

DALMATINOS: wegen ihrer gescheckten Uniform als »Dalmatiner« bezeichnete Spezialpolizei, ausgerüstet mit Motorrädern, Schlagstöcken und Tränengas zur Niederschlagung von Demonstrationen

DEPARTAMENTO: Verwaltungseinheit in Bolivien, das sich in neun *Departamentos* (Pando, La Paz, Oruro, Potosí, Cochabamba, Chuquisaca, Tarija, Beni, Santa Cruz) gliedert, die wiederum insgesamt 112 Provinzen mit 324 Gemeinden zählen

EMPANADA: mit Käse, Hühnerfleisch oder Schinken gefüllte Teigtasche in Halbmondform, die entweder im Lehmofen zubereitet oder frittiert wird

ENCOMIENDA: von der spanischen Krone in den Kolonien an Spanier erteiltes Recht zur Tributerhebung gegenüber den indigenen Eroberten, wobei der »Beauftragte« *(encomendero)* für die Abgabe von Arbeitsleistung, Nahrung oder Edelmetallen das Wohlergehen und die Bekehrung der *Indígenas* zu garantieren hatte, was zu Machtmissbrauch und Ausbeutung führte

GAUCHO: in Lateinamerika umgangssprachliche Bezeichnung für die Bewohner Argentiniens, ursprünglich für die Viehtreiber und Landarbeiter der argentinischen Pampa; entweder von *Cauchu* (MAPUCHE: »Vagabund«) oder *Huachu* (QUECHUA: »Weise«) abgeleitet

GUARANÍ: indigene Sprache und Volksgruppe des Amazonasgebietes in Brasilien, Bolivien, Argentinien, Paraguay, die sich selbst als *Avá* (»Mensch«) bezeichnet und von den Spaniern aufgrund ihres Kriegsschreis »Guaraní« genannt wurde; im bolivianischen Tiefland leben rund 80000 Sprecher

GRINGO: in Lateinamerika umgangssprachlich für Ausländer aus USA und Europa

MAS: *Movimiento al Socialismo* (»Bewegung zum Sozialismus«); Boliviens 1997 gegründetes links-sozialistisches Regierungsbündnis, dessen Anhänger als *MASistas* bezeichnet werden

MIR: *Movimiento de Izquierda Revolucionaria;* 1971 von Jaime Paz Zamora gegründete Partei »Bewegung der revolutionären Linken«, die einen großen Einfluss auf die Arbeiterbewegung hatte. Während der Präsidentschaft von Zamora ab 1989 und durch die Koalition mit Ex-Diktator Hugo Banzer entfremdete sich die Partei zunehmend von ihren Anhängern.

MIP: *Movimiento Indígena Pachakuti;* von Felipe Quispe Huanca 2000 gegründete »Indigene Bewegung Pachakuti«. Huanca saß zusammen mit dem heutigen Vizepräsidenten Álvaro García Linera wegen Mitgliedschaft in der Bewegung »Guerillaarmee Túpac Katari« ab 1992 ohne Verfahren in Beugehaft und kam 1997 mangels Beweisen frei.

MITA: im Inkareich staatlich organisierter »Saison«-Arbeitsdienst zur Errichtung öffentlicher Einrichtungen wie Straßen und Vorratskammern, in dem jede Familie eine bestimmte Anzahl von Tagen ableisten musste. Die Spanier wandelten die *Mita* in einen Sklavendienst zur Ausbeutung der Silberminen in den Anden um.

MNR: *Movimiento Nacionalista Revolucionario;* Boliviens wichtigste Partei, die 1941 von Víctor Paz Estenssoro und Hernán Siles Zuazo als links-reformistische »Revolutionäre Nationalbewegung« gegründet wurde, sich nach der Revolution von 1952 immer weiter in Richtung Neoliberalismus orientierte und wie alle traditionellen Parteien an politischer Bedeutung verloren hat.

PALACIO QUEMADO: umgangssprachliche Bezeichnung des Regierungssitzes des bolivianischen Präsidenten und seiner wichtigsten Minister in der Hauptstadt La Paz, seit der »Verbrannte Palast« bei einem Aufstand in den 1860er-Jahren bis auf die Grundmauern niedergebrannt wurde

PASARELA: »Fußgängerbrücke« aus Beton über eine vielbefahrene, mehrspurige Straße ohne Ampeln

PIB: *Partido Indio de Bolivia;* vom indigenen Schriftsteller und Marxisten Fausto Reinaga 1962 gegründete »Indio-Partei Boliviens«, die eng mit der Arbeiterbewegung verbunden war und sich bis zu ihrer Auflösung der Förderung des indigenen Selbstbewusstseins widmete

PONGEAJE: nach der Unabhängigkeit von 1825 in den Andenländern verbreitetes, vom Gesetz jedoch nicht geduldetes System zur Ausbeutung der indigenen Bevölkerung auf den Ländereien der Großgrundbesitzer, die für das Recht auf eigene Landnutzung eine Woche lang unentgeltlichen Arbeitsdienst zu leisten hatten, wodurch sie oft in Schuldabhängigkeiten gerieten, die sie lebenslang und über Generationen an den Hacienda-Besitzer banden

QUECHUA: »Leute der Täler«; indigene Volksgruppe und Sprache im Andengebirge von Peru, Chile, Bolivien, Ecuador, Argentinien; in Bolivien leben rund drei Millionen Sprecher

QUINOA: gemeinsam mit Amaranth seit 6000 Jahren im Andenraum angebautes Fuchsschwanzgewächs und Hauptnahrungsmittel, dessen Gehalt an Eiweiß und Mineralien den von europäischem Getreide übersteigt und das wegen seiner geringen Ansprüche an Boden und Wasser auch auf 4000 Höhenmetern gedeiht

REAL AUDIENCIA: höchstes Justizorgan der spanischen Krone und Verwaltungsbereich in den Kolonien, das aus vier Richtern *(oidores)* und einem Staatsanwalt *(fiscal)* bestand und dem Vizekönig oder Gouverneur unterstellt war

REPARTIMIENTO: Ende des 16. Jahrhunderts von der spanischen Krone eingeführtes Zwangsarbeitssystem der »Verteilung« der indigenen Bevölkerung zur Ausbeutung ihrer Arbeitskraft, in dem die Eroberten gegen die Zahlung einer geringen Entschädigung im Schnitt acht Tage im Monat in den Häusern und Haciendas der spanischen Bevölkerung arbeiten mussten

REQUERIMIENTO: »Aufforderung« an die eroberten Völker in den Kolonien der spanischen Krone zur bedingungslosen Kapitulation und Unterwerfung unter den christlichen Glauben, die vor einer kriegerischen Auseinandersetzung auf Spanisch oder Latein verlesen wurde und deren Ablehnung zur militärischen Bekämpfung und Versklavung legitimierte

TÚPAC KATARI: bolivianischer Volksheld und Aymara-Anführer eines der größten Aufstände indigener Bauern gegen die spanische Kolonialherrschaft, der nach seiner Gefangennahme 1781 gevierteilt wurde und den prophetischen Satz ausrief: »Sie töten nur mich, ich werde millionenfach zurückkommen!« Er ist Namensgeber für die indigene Guerillaarmee *Ejército Guerrillero Túpac Katari* (EGTK).

UDP: *Unidad Democrática y Popular;* linkes Parteienbündnis, das 1982 die ersten demokratischen Wahlen für sich entscheiden konnte, dessen Regierung der »Einheit der Demokratie und des Volkes« aber von mehreren Militärputschen unterbrochen wurde

UMOPAR: *Unidad Móvil Policial para Áreas Rurales*; Untereinheit der Antidrogen-Spezialkräfte (*Fuerza Especial de Lucha*

Contra el Narcotráfico, FELCN) der bolivianischen Nationalpolizei, die 1987 gegründet wurde und von der US-Regierung im Rahmen des »Kriegs gegen die Drogen« finanziert, beraten, ausgestattet und trainiert wurde und sich immer wieder Menschenrechtsverletzungen schuldig gemacht hat

USAID: staatliche »Behörde der Vereinigten Staaten für internationale Entwicklung« *(United States Agency for International Development),* die wegen ihrer offenen Zusammenarbeit mit der oppositionellen Tiefland-Elite nach dem Wahlsieg von Präsident Evo Morales 2005 heftiger Kritik ausgesetzt war, woraufhin dessen Büros im Chapare von den Kokabauern geschlossen wurden

YUNGAS: fruchtbare Täler im *Departamento* La Paz, die in einer Höhe zwischen 500 und 4000 Meter über Meeresspiegel parallel zum Andengebirge verlaufen und in deren mildem Klima seit Jahrhunderten Kokasträucher für den traditionellen Gebrauch (Medizin, Rituale, Tee) sowie Kaffee, Obst und Zitrusfrüchte wachsen

YPFB: Das staatliche Energieunternehmen *Yacimientos Petrolíferos Fiscales Bolivianos* wurde im Rahmen der Verstaatlichung der Öl- und Gasindustrie nach dem Chacokrieg gegen Paraguay 1936 gegründet, in den neunziger Jahren privatisiert und im Mai 2006 von Präsident Evo Morales erneut unter staatliche Kontrolle gebracht.

WEITERFÜHRENDE LITERATUR

Cabtree, John: *Perfiles de la Protesta. Política y movimientos sociales en Bolivia.* La Paz 2005.

Dangl, Benjamin: *The Price of Fire. Resource Wars and Social Movements in Bolivia.* Oakland 2007.

Fritz, Thomas: »›Die Plünderung ist vorbei‹. Boliviens Nationalisierung der Öl- und Gasindustrie«. Berlin 2006. Auf: http://www.fdcl-berlin.de/index.php?id=728 (abgerufen am 17. Januar 2011).

Hollender, Rebecca u. Jim Shultz: *Bolivia and its Lithium. Can the »Gold of the 21th Century« Help Lift a Nation out of Poverty?. A Democracy Center Special Report.* Cochabamba 2010. Auf: http://www.democracyctr.org/pdf/DClithiumfullreportenglish.pdf (abgerufen am 17. Januar 2011).

Klein, Herbert S.: *Historia de Bolivia.* La Paz 1982.

Kohl, Benjamin u. Linda Farthing: *Impasse in Bolivia. Neoliberal Hegemony and Popular Resistence.* New York 2006.

Lazar, Sian: *El Alto, Rebel City. Self and Citizenship in Andean Bolivia.* Durham 2008.

Lessmann, Robert: *Das neue Bolivien: Evo Morales und seine demokratische Revolution.* Zürich 2010.

Pinto, Darwin u. Roberto Navia: *...Un tal Evo. Biografia no autorizada.* La Paz 2007.

Rada Solíz, Andrés: *El Imperio en Bolivia. EEUU, el 21060 y el Poder Judicial.* La Paz 2002.

Rada Solíz, Andrés: *La Fortuna del Presidente.* Cochabamba 2004.

Reimers Campos, Herland: *Diodato. El final de un fugitivo.* Santa Cruz 2008.

Rocha Monroy, Ramón: *Potosí* 1600. La Paz 2002.

Salazar Sánchez, Gustavo u. Elisabeth Reimann: *Barbie in Bolivien.* Berlin 1989.

Shultz, Jim u. Melissa C. Draper: *Desafiando la Globalización. Historias de la Experiencia boliviana.* La Paz 2008.

Zibechi, Raúl: *Bolivien. Die Zersplitterung der Macht.* Hamburg 2009.

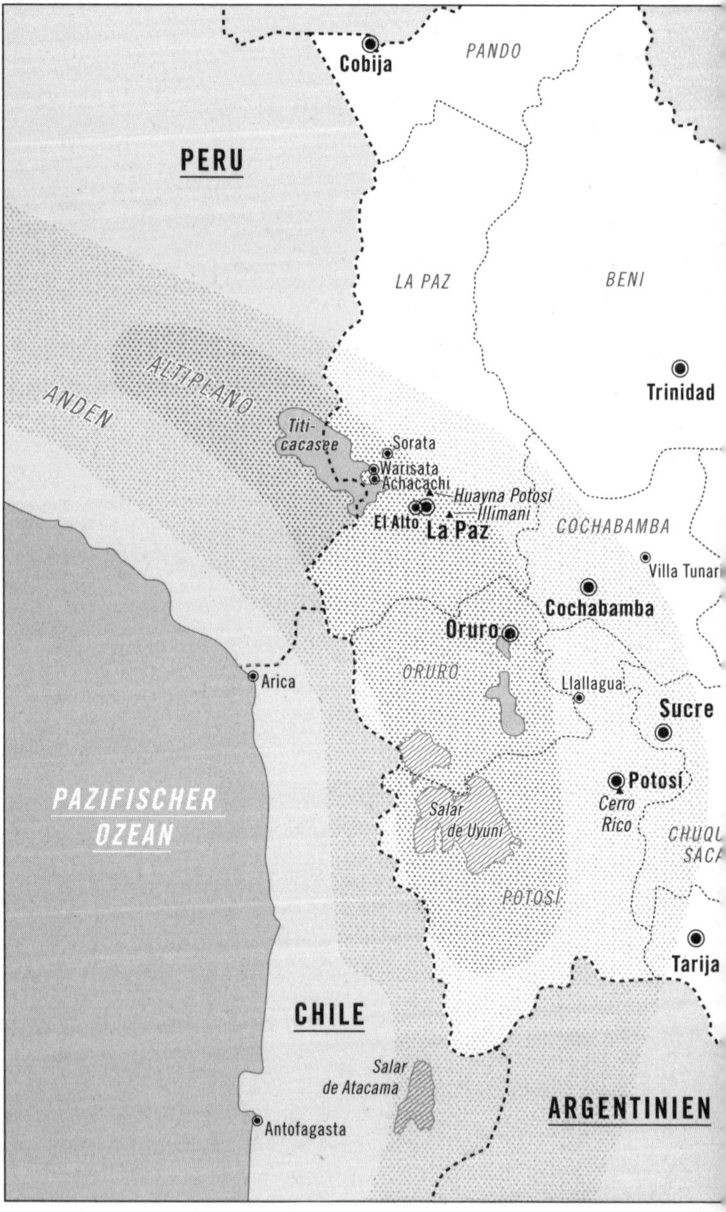
PANDO
Cobija
PERU
LA PAZ
BENI
Trinidad
ALTIPLANO
ANDEN
Titi-
cacasee
Sorata
Warisata
Achacachi
Huayna Potosí
Illimani
El Alto
La Paz
COCHABAMBA
Villa Tunari
Cochabamba
Oruro
ORURO
Arica
Llallagua
Sucre
Potosí
Cerro
Rico
PAZIFISCHER
OZEAN
Salar
de Uyuni
POTOSÍ
Tarija
CHILE
Salar
de Atacama
ARGENTINIEN
Antofagasta

0
100
200 km
BRASILIEN
BOLIVIEN
Santa Cruz de la Sierra
SANTA CRUZ
PARAGUAY